U0006313

幽默

喜劇娛樂的本質與價值

A
Very Short
Introduction

Humour

NOËL CARROLL

諾爾・卡羅
著

于念平
譯

獻給洛麗．摩爾（Lorrie Moore）
一位五星級喜劇女作家

目錄

前言……6
第一章　幽默的本質……10
第二章　幽默、情緒與認知……88
第三章　幽默與價值……122
致謝……186
參考資料與延伸閱讀……190

前言

這是一本關於幽默的書——關於其本質與價值。在所有的文化都可以發現它的蹤跡，思想家們針對幽默的思辯更已經超過兩千年。可想而知，這個主題吸引了大量的文獻寫作。本書旨在為你提供一個簡單的入口，來進入這些對話。

第一章聚焦在幽默的本質。我們重新檢視關於幽默的幾個主要論述，藉由它們之間的對比，來凸顯幽默現象中的重要面向。最終，本章節主要將注意力花在「不一致論」（Incongruity Theory），因為大多數的哲學家和心理學家都認為，不一致論及其後繼理論的論述最為有力。

我們透過定義幽默所欲觸發的心理狀態，也就是「喜劇娛樂」（comic

amusement），試圖理解幽默的本質。現在大家普遍不這麼認同定義導向的研究，但要揭露並闡明被隱藏的特質，這個方法最有成效，所以我會堅持這樣的嘗試，即使我們的定義太狹隘，還是能夠有效地進一步發現幽默現象的不同面向。

同時我相信，即使不一致論並不完全充足，但它能為未來的喜劇研究帶來啟發。在研究喜劇敘事等虛構幽默的樣本時，不一致論可以引導我們去注意幽默變量的類型；如此，以不一致論作為啟發點，可以為更多更好的後繼理論鋪路。

然而，我著重不一致論不只是為了理論家，也是為了好奇的讀者們。因為不一致論提供了非常容易套用的方法，讓我們一窺日常中如笑話、喜劇旁白、卡通、情境喜劇等幽默形式的祕密。綜觀書中的不一致論範例，結合理論本身，我們便可開門見山、直搗黃龍，理解所聽所聞之幽默笑點，並且「收割」關鍵線索，創作自己的幽默。在這方面，不一致論有著廣大的實用價值。

第二章檢視幽默與情緒和認知的關聯。首先，我探究喜劇娛樂是否為一種情緒。這乍看之下是個艱深的切入點，不過，近幾十年來，關於情緒的分析有了可觀的進展，於是，藉由考量喜劇娛樂是否為一種情緒，便能有效運用哲學家和心理學家對心智領域的洞見，看看喜劇娛樂在哪些方面符合理論模型。透過這個框架，我們不僅順利地開始檢視幽默當中認知與情感的維度，更進一步討論幽默的重要性——其如何為至關重要的人性服務。

第三章則關注幽默與價值的關係，尤其在其社會功能的面向。幽默以及隨之而來的喜劇娛樂，在社群建構扮演了重要角色，它可以是社會常規的傳佈者與執行者。但是幽默的社會功能也引發了某些道德問題，包括：幽默何時會是不道德的？被不道德的幽默給逗笑算不算不道德？有道德瑕疵的幽默就比較不有趣嗎？這些問題在我們的時代尤其迫切，因為所謂的政治正確論調氾濫，而許多當代的笑話似乎正以無限飆升的速度，挑戰政治正確的界限。

第一章

幽默的本質

一個叫做派特的都柏林人走進紐約的一家酒吧，點了三杯尊美醇愛爾蘭威士忌。他把三杯一口氣乾了，立刻再追了三杯，如此這般重複。最後酒保終於問他為什麼總是一次點三杯。派特說，他喜歡假裝在跟他的兩個兄弟一起喝酒，他們此刻身在遠方，哥哥在高威，弟弟在雪梨。

派特很快就變成酒吧的常客，每當他踏進門，酒保就會在桌上擺好三杯威士忌。但是某一天，派特靠在吧台旁說：「今天兩杯就好。」「請節哀順變。」酒保說。「節什麼哀？」派特問。「你只點了兩杯，這不代表其中一個兄弟去世了嗎？」「才不是，少點的那杯是我的，我正在戒酒。」

如果你覺得這個笑話好笑，那你就處在我們稱為「喜劇娛樂」的狀態裡，在此狀態下，喜劇娛樂之對象就是幽默。意思是，喜劇娛樂會將我們導向如前述笑話所示範的「幽默」。

對我們來說，「喜劇娛樂」是一種情緒狀態。關於這個論點，我們會在下一章節試圖闡明，至於現在，請先暫時假設喜劇娛樂是種情緒狀態，就像恐懼與憤怒，並容我們演示這樣的假設如何推進討論。

情緒是在符合特定適切性條件的情況下，對特定對象下的判斷，並且造成正在經歷情緒的主體之特定現象以及／或是心理狀態。我的恐懼指向一個特定對象：睡袋裡的狼蛛，該生物滿足「危險」的條件，於是，我給予牠負面的判斷，而牠讓我背脊發涼。同樣地，喜劇娛樂也是種對特定對象所產生的情緒。如前述笑話符合了某些特定條件（待後章節討論），使得情緒之判斷歸結在享受與輕鬆的經驗，而此經驗本身又與大腦邊緣系統中犒賞網路的啟動有關聯性。而我們一般將這些提升喜劇娛樂的東西稱為幽默，這就是我們上一段所說的，幽默是喜劇娛樂的對象。

「幽默」（humour）這個字是源自拉丁文的「*humor*」，意思為液體或流體，包括體液。古代醫者認為人體健康有賴於四種液體的平衡：血液、痰、黑色膽汁與黃色膽汁。當這些體液失去平衡時，有些性格特質會變得明顯，例如，血液過多會使人樂觀或充滿希望。如此，「幽默」就與脾性偏離常態聯想在一起，這種人被當作怪人，到了十六世紀，他們更被認為滑稽可笑，於是成為最適合喜劇演員模仿的對象，導致「幽默」演變成「滑稽之人」的專屬行為。有趣的是，「瘋愚」（*zaniness*）一字在詞源學上也經歷了類似的命運。它一開始是滑稽模仿的標籤，最後成為了一種人格特質。

無論如何，幽默是人類生活的普遍特徵，在工作或休閒場域、在私人或公眾事物皆隨處可見。有時我們自己創造幽默，也常付錢讓別人逗我們笑，包括劇作家、小說家、電影工作者、脫口秀演員、小丑等。根據拉伯雷（François Rabelais）等人的說法，幽默為人類獨有，在別的物種找不到這個特質；不過也有科學家宣稱，某些學過手語的黑猩猩會用手語說雙關笑話，而且樂在其中。即使幽默不是人類的獨特發明，它似乎也是人類社會中近乎普遍的組成元素，長久以來都是個長青話題，也就不足為奇了，對於雄心勃勃、評論人類生活每個面向的思想家而言，更是如此。

柏拉圖在《菲力帕斯篇》（*Philebus*）當中斷言，因幽默而起的笑聲，其指向的對象是惡，特別是無自我意識之惡。換言之，我們笑那些無法做到蘇格拉底所謂「知己」（Know thyself）的人，還有那些轉而自我欺騙的人，想像自己比實際上更聰明、更強壯、更高大或更勇敢。於是，對柏拉圖來說，喜感當中包含了惡意的元素。

柏拉圖也在《理想國》（*Republic*）中，表達了對幽默的不信任。他擔心幽默會引發荷馬說的「無法抑制的笑聲」，想當然爾，柏拉圖對任何缺乏理性自我控制的事物都抱持懷疑態度。基於這個原因，他反對理想國的監護階級進行歡笑的養成，並敦促他們切勿暴露於神祇與英雄的笑聲當中。如同他的老師柏拉圖，亞理斯多德將幽默定義為一種辱罵型態。在《詩學》（*Poetics*）中，他推斷喜劇源自於謾罵，可能像是非裔美國人對嗆文化的古希臘版本，例如：「吐槽」（Roast）、「羞辱遊戲」（Dozen）、和「問候老母」（Yo'Momma，例：Yo你媽胖到需要註冊兩組郵遞區號）。亞理斯多德認為，在他的時代，劇場喜劇傾向把人刻畫得比實際更壞。

不過，與柏拉圖不同，亞理斯多德仍在品德生活保留了幽默的位置，畢竟這樣的生活確實需要嬉鬧娛樂來平衡。在《尼各馬科倫理學》（*Nicomachean Ethics*）中，他向講求品味的機智者建議，要在過度滑稽的小丑和毫無幽默感的老粗之間，採取中庸之道；亞里斯多德進一步告誡，有德之人的歡笑須得婉轉得宜，因為他認同柏拉圖的論點：歡笑可能會導向失控。於是他警告有德之人，要當心滑稽的危險：當心會不顧場合、不擇手段，且無力抵抗想要引發笑聲的誘惑，這樣的人很難被視為可靠的公民。

哲學家愛比克泰德（Epictetus）和斯多葛學派（the Stoics）也對幽默抱持不信任的態度，他們和柏拉圖一樣讚賞情緒上的自我控制。即使耶穌本身重視歡笑，但是像聖安博（Ambrose）和耶柔米（Jerome）等教會神父，仍承襲了斯多葛學派，對歡笑抱有質疑。

正如以上提到的先賢所示，幽默是許多著名思想家曾探討的議題。而且不只是前述的人，還有笛卡爾（Descartes）、帕斯卡（Pascal）、霍布斯（Hobbes）、康德（Kant）、黑格爾（Hegel）、赫茲利特（Hazlitt）、叔本華（Schopenhauer）、齊克果（Kierkegaard）、佛洛依德（Freud）、柏格森（Bergson）、庫斯勒（Koestler）等。許多不斷重複出現的幽默理論化途徑，皆是源自他們的寫作，所以要接近幽默本質的最好方法，就是從目前可得的幽默理論下手，調查其強項與弱點。

幽默理論

如同前述，幽默是所謂喜劇娛樂之對象。於是闡明幽默本質的其中一種方法，就是分析喜劇娛樂這種情緒狀態的發生條件，再往回推論。那幽默將包含喜劇娛樂之對象的特質，而這些特質恰恰可解釋是什麼促成喜劇娛樂的發生。

關於喜劇娛樂發生的主要理論有：優越論、不一致論、釋放論、遊戲論和意向論。我們會在這一段落檢視上述理論。與大部分哲學家、心理學家一樣，我認為不一致論（或其變體）在這五種假說中最為有力，因此會有較大的篇幅跟精力在闡述與辯護不一致論的論述。此外，之所以要強調不一致論，是為了提供讀者普遍而有效的方法，來分析日常生活會聽到的喜劇結構，包括笑話到喜劇情節等等。

優越論（The Superiority Theory）

從柏拉圖和亞里斯多德的論述可發現幽默與惡意、謾罵之間的連結，認定人們有所缺陷即所謂的幽默優越論，而湯瑪斯．霍布斯（Thomas Hobbes）則是此理論之集大成者。在《利維坦》（*Leviathan*）一書中，霍布斯將喜劇娛樂與「瞬間榮耀」（sudden glory）劃上等號，將之定義為：「一種熱情，能促使人們稱之為『歡笑』的臉部扭曲。瞬間榮耀要麼是被自己突如其來、喜不自勝的行為所觸發，要麼是意會到他人身上的不堪，相比之下的自我感覺良好。」霍布斯認為，幽默激起的感受建立在對他人的優越感及輕蔑而引起的愉悅感。對霍布斯等等的優越論者而言，我們是因為認為開場笑話中的愛爾蘭人派特非常笨或自欺欺人，才會覺得很好笑。

換言之，根據霍布斯，歡笑是我們感受到他人的弱點，並強化了自身優越感的結果。為了解釋我們有時也會自嘲，霍布斯補充道，幽默的對象也可能是過去的自己，但當我們自嘲幹了蠢事時，例如，錯把刮鬍泡當牙膏擠在牙刷上，我們是基於現下優越的自己，來思忖過去可笑恍神的自己。

另一位著名的優越論者波特萊爾（Charles Baudelaire）更認為，喜劇特有的惡意就是人類的邪惡最明確的體現。

關於幽默的優越論還有許多可以談的。不可否認，許多幽默都是建構在愚蠢、虛榮、貪婪、殘忍、魯莽、下流、淫蕩以及在其他方面有缺陷的人格特質上。例如：愛爾蘭裔美國人開波蘭人和義大利人的玩笑；英國人開愛爾蘭人的玩笑；而法國人笑比利時人；猶太人又說關於海烏姆的笑話；波蘭人則笑俄羅斯人；俄羅斯人再笑烏克蘭人；巴西人愛說葡萄牙人的笑話；加拿大人笑紐芬蘭人；印度人則是開錫克教的玩笑等等，更不用說，跟金髮有關的笑話更是不分國界。這類笑話本質上都是「白痴笑話」，適用任何「為什麼這個白痴會XX？」或是「快看這個白痴如何XX」的問句句型，但要是史詩級的白痴，才會讓任何人都產生優越感。

無獨有偶，有些笑話是在消遣身體殘疾的人（例如口吃），或是文化劣勢的人（例如文盲），有些則是從隱誨的優越視角來講述。優越論主張，我們不僅覺得嘲笑對象與自己不同，甚至認為他們不如我們。

同樣地，惡作劇的目的就是要羞辱其影射對象，好讓捉弄他人者顯得高人一等。儘管只是口頭上的笑話都有類似的「污點」，因為講笑話的人要誘騙聽眾進入一種荒唐當中：通常需要硬扯一堆很沒道理的說法，就為了讓笑點成立。對優越論者而言，喜劇娛樂引起的歡笑具有侵略性。確實如此，二十世紀初的優越論者盧多維奇（A.M. Ludovici）就認為，大笑的形象透露了許多訊息，其本身露齒的姿態像是一種嚙咬的習性，也就顯示了敵意。

許多笑話似乎都是透過笑話中被惡整的笑柄，來彰顯講笑話的人和聽眾的優越感。例如以下這則幽了戈登．布朗一默的威爾斯笑話：

擔任英國首相期間，戈登．布朗造訪了威爾斯的一間小學。他來到一堂正在討論字詞意義的課，老師要求布朗先生討論「悲劇」這個字的意義。

布朗先生首先詢問什麼樣的事情算是悲劇。一個男孩說：「如果我住在農場的朋友在田野玩耍的時候，被一台拖拉機輾死，那就是一場悲劇。」

戈登．布朗答道：「不，那是一場意外。」

坐在前排的女孩說：「如果一輛載著五十個小孩的校車掉下山崖，

然後他們都死了，那就是一場悲劇。」

但是布朗先生又答道：「不，那是我們巨大的損失。」

最後一個坐在後排的男孩提出：「如果達林議員（Chancellor Darling）搭的飛機被飛毛腿飛彈（SCUD）轟成碎片，那就是一場悲劇。」

「答對了，」戈登．布朗追問：「但是為什麼這會是悲劇呢？」

「因為，」男孩答道：「那大概不會是我們巨大的損失，而且十之八九不是意外。」

這類笑話會讓說者與聽者覺得自己將了英國前首相達林一軍。然而，即使對嘲笑對象毫無惡意，僅只是被他們的無知逗樂了，也會在笑話中感受到優越感。

舉例來說：

兩個蘇格蘭修女到美國旅行。其中一位跟另一位說：「妳知道美國人會吃狗嗎？」

飛機降落在甘迺迪機場，她們搭上計程車前往曼哈頓。一抵達修道院，她們就去散了步。看到賣熱狗的攤販，她們點了兩份熱狗。第一位修女打開她的那份熱狗、看了看，然後問另一個修女：「妳拿到什麼部位？」

優越論的優點在解釋大量資訊的能力，從白痴笑話到人們在冰上滑倒（那些比我們笨手笨腳的人）。很多笑點都很下流，並指向愚蠢的人事物，而優越論顯然給了原因。這裡，歡笑象徵著愉悅，我們從他人的愚蠢得到愉悅的感受，因為我們藉此推定自己比他人好。

不過，優越論雖然解釋能力佳，但仍有其限制。優越感不會是歡笑的必要條件，因為許多歡笑與優越感無關。我們也會被雙關語等等的機智文字遊戲逗笑，這類笑話並無指涉意涵，例如：「廚房被炸了叫什麼?拿破崙．波拿巴。」[1] 當我們覺得這種笑話好笑時，沒有誰的出發點是優越感，又或是覺得說出「拿破崙．波拿巴」的人不如自己，我們還可能覺得他比較聰明。

此外，當我們被以比較友善的方式取笑時，也還是會被逗笑，但這很難用優越感去解釋，因為在此被取笑的對象不是從前做了蠢事的自己，而是當下的自己。同樣地，我們常常是在發現做了蠢事的當下就嘲笑自己，例如累到錯把糖當作帕瑪森起士灑在義大利麵上。在這種例子，我們嘲笑的不是什麼從前的自己，而是當下滿口都是糖粉義大利麵的自己。

談到自嘲式幽默時，優越論更是很難站得住腳。毫無疑問，這類幽默都不難理解，因為聽者會覺得自己比自嘲的人來得優秀，但是其中還有未解之謎。真正的問題是：為什麼嘲笑自己的人會認為自嘲是幽默的？也許有人會說，伍迪・艾倫（Woody Allen）享受自嘲的幽默，因為那展現了他的聰明才智。不過，該說法會使優越論者陷入困境。因為歡笑若是相應於艾倫對自身卓越才智的認可，聽眾勢必會自覺比不上伍迪・艾倫；但如果聽眾的笑聲與優越感相關，那伍迪・艾倫要如何享受自己的段子？

此外，孩子在很小的時候就會被鬼臉和躲貓貓遊戲逗笑，但很難論定他們此時已經發展出可以被稱為優越感的概念，更別說有「自我」的概念來感受優越感。況且，在任何情況下，優越感究竟是如何參與了被躲貓貓逗笑的過程？當照顧者在孩子眼前消失又突然出現時，兩者之中誰應該要覺得自己高人一等？孩子又究竟為什麼會笑？

而且，我們有時會被能力超乎我們想像的喜劇角色逗笑。例如，在電影《待客之道》（*Our Hospitality*），巴斯特．基頓（Buster Keaton）飾演的角色困在瀑布邊緣，他被繩子纏在無法移動的樹幹上；同時，眼睜睜地看著愛人快被急流沖走。

但這個角色靈光一閃，理了理綁在身上的繩子，把自己往急流擺盪過去營救女友，像馬戲團的空中飛人一樣敏捷地抓住她，再俯衝到地面並安全降落（見圖

1. 譯注：「油氈布被炸飛」（Linoleum blown apart.）聽起來像「拿破崙．波拿巴」（Napoleon Bonaparte）的諧音。

1）。觀眾爆笑出聲，但他們的娛樂感不是建構在自認比基頓優秀。相反地，我們看著他瞬間反敗為勝，對他驚人的算計和靈巧感到嘆為觀止，他超群的表現結合了物理學的知識和奧運體操選手等級的體能，但觀眾依然被其中的喜劇娛樂逗得樂不可支。於是，如果說我們此處獲得的愉悅源於相對基頓所產生的優越感，就變得完全沒道理。隨著如此思路，我們反而比較可能感覺自己不如基頓所飾演的角色，在他迅雷不及掩耳的思考和行動前，我們應該會感到羞愧，而不是自滿。

同樣地，舞文弄墨者的字字珠璣讓人驚嘆，我們才會珍視並複誦他們的話語。如奧斯卡．王爾德（Oscar Wilde）的名言：「人們應慎選敵人（One should be careful in one's choice of enemies.）。」或是「對一個人而言很可怕的事，就是突然發現他一生都在說實話（it is a terrible thing for a man to find out suddenly that all his life he has been speaking the truth）。」又或是比利．懷德（Billy Wilder）的金句：「事後諸葛總最容易（Hindsight is twenty-twenty）。」面對他們的口

圖 1　巴斯特・基頓在《待客之道》中的一幕。（圖片來源：大都會影業／The Kobal Collection）

才，我們並不會感受到那瞬間榮耀，反而是自嘆弗如。

在此，優越論者也許會反駁說，聽眾會認為自己夠聰明，聽得懂這些文字遊戲，進而累積優越感。但是他們怎麼可能不在同一時間意識到，自己並不像說出這些聰明話的人一樣聰明？

優越論者會持續針對各種情況編造出新的說法，不過當這些說法變得越錯綜複雜時，他們也就越沒有說服力。

喜劇娛樂的成因常與優越感和自卑感的議題無關。看看這則卡通插圖中放滿蘋果的醫藥置物櫃（見圖2），笑點當然在於其巧妙地把「每日一蘋果，醫生遠離我」的諺語視覺化了，但是在這則視覺笑話裡，我們會相對於什麼對象而感到優越呢？多吃水果有益健康，於是藥櫃子的主人並不是傻瓜；而漫畫家顯然靈活地運用了圖像和語言，比我們這些只是被他的作品逗樂的人聰明多了。於是我們再次發現，論幽默特性時，是否誘發優越感並不是必要的考量。

圖 2　卡通插畫，羅伯特・曼考夫（Robert Mankoff）
© Robert Mankoff ／卡通銀行

而自認比他人優秀也非促使人們發笑的充分原因。愛爾蘭哲學家弗朗西斯・哈奇森（Francis Hutcheson）在十八世紀就指出，我們會覺得比牡蠣優越，但我們也不會嘲笑牡蠣；而即使篤信宗教的人會自認優於異教徒，卻也不會嘲笑他們。因此，即便優越論適用諸多情況，同時也有大量的例子與之不符。

霍布斯版本的優越論是在歡笑的框架下所一步步推演出來，無庸置疑地，這加強了此理論直觀的可信度，因為，雖然有點理所當然，歡笑時常跟勝利相輔相成。不過，真正的問題在於，歡笑事實上是否為幽默理論的適當分析對象。

一方面，因為會讓人發笑的不只有幽默，還有搔癢、笑氣、顛茄葉、阿托品、安非他命、大麻、酒精和癲癇發作時的癡笑、神經質、青春型思覺失調症等，更不用提性愛，當然還有勝利。確實，最有效觸發笑聲的就是笑聲本身，但是陣陣具傳染性的笑聲，不需要依賴幽默所引起的歡笑就可以被引發，並持續好一段時間。另一方面，有些幽默觸發的不是大笑，而是比較輕微的喜悅與輕盈的感受——例如：鬆。因此，若把焦點放在歡笑，那霍布斯的理論是否真的是一種幽默理論，令人存疑。

幽默理論需要關注的僅限於愉悅的歡笑——出自喜劇娛樂的發笑，而且我們沒有理由認為勝利的歡笑是種愉悅的歡笑。要確立該論點就需要對喜劇娛樂進行分析。但優越論是否能有效分析喜劇娛樂，尚有疑慮，因爲霍布斯在意的情緒對象是自我勝利，它並非喜劇娛樂之對象，即便優越感確實能引起某種歡笑。

不一致論（The Incongruity Theory）

哈奇森在十八世紀就點出許多霍布斯優越論的限制，他也進一步促成了優越論的替代理論，之後被稱為幽默的「不一致論」。在此觀點下，喜劇娛樂之對象是不一致性，或更精確地說，「被感知到的」不一致性。

也許這項論點的核心，早在先賢的古典優越論中就萌芽，他們認定喜劇的適當對象就是比一般人更差的人，也就必然是偏離常態的人。然而該觀點太過狹隘，因為我們已經在基頓和王爾德的例子見到，卓越的人事物也可能構成喜劇。

根據哈奇森，使人發笑的契機在於反差感：「……在宏偉、高尚、神聖、完美以及卑鄙、低下、褻瀆之間的反差。這似乎是滑稽之精神所在，而大部分的玩笑和戲言都根基於此。」與哈德森同時期的學者詹姆士・畢亞提（James Beattie）也提出一致看法，並進一步概括哈德森所指出的反差，指出：「歡笑源自於對兩個（或多個）不連貫的、不相合的或不一致的事物或情況所產生的看法，這些事物或情況會被看成是混合的複雜物體或組合，又或被當作以心理的特定方式來取得某種相互關係。」直到如今，如我們先前提過的，不一致論吸引了最多哲學家和心理學家的支持。

根據不一致論，喜劇娛樂之關鍵在於偏離預設的常規。換句話說，也就是異常性或不一致性，而這是相對於決定我們認定世界本該為何或是應該要為何的某些框架而言。該想法有時是以顛覆預期的方式來表述，不過這又有點誤導，因為我們常常也是被可預期的結果逗得越來越樂不可支，例如鬧劇裡常見情節：警察盯著迎面走來的美女看，結果一腳栽進人孔蓋裡。

我們懷疑驚喜是否為喜劇娛樂的必要條件，還有另一個理由：研究發現，人們在能夠預期笑點時——也就是一點都不驚喜的時候——會被逗得更樂，這大概是人們喜歡重複講他們和聽者都已經聽過的笑話和黠語的其中一個原因，而該現象代表驚喜並不是喜劇娛樂的必要條件。

此外，聽笑話的時候，我們通常對於它會怎麼發展毫無頭緒或沒有特定期望；當笑點出現時，也不代表它取代了我們原先心裡的設想。如果笑話很好笑，我們還是會感到驚喜，但就像早先提到鬧劇中警察的例子，驚喜不是喜劇娛樂的必要條件。

倘若要在喜劇娛樂的分析加入「期望」的討論，那我們就不應該去思考特定的期望，像是「本書開頭那則笑話裡的派特究竟會如何回應酒保呢？」反而要去思考比較普遍的期望，像是世界本該是如何的期望。

不一致性是一個相對的概念，其預設了某物與他物的不協調。在討論喜劇娛樂時，「他物」就是世界本該是如何的期望。

喜劇娛樂是相對於預設一致性或常規而產生的。此外，為了要在這世界生活，我們預設了許多一致性或常規，於是有大量在這之外的事物，可能被我們認知為不一致。

舉例來說，叔本華循著範疇謬誤來思考喜劇娛樂之對象。在愛爾蘭人派特的例子中，他將「戒酒」和為他的兄弟乾兩杯視為不相衝突，只要他不喝自己的那杯就好了。矛盾句「如果豬仔會飛……」之所以好笑，是因為豬仔被錯放在會飛的範疇裡了。同樣地，美國喜劇演員莎拉．席佛曼（Sarah Silverman）很好笑，因爲一位長相甜美的年輕女性口出穢語反差感太大了；她長得就是刻板印象地傻白甜，卻講出會讓大男人都臉紅的話。

不一致論的主要論點是喜劇娛樂與可感知的不一致性如影隨形。我們被動畫電影《落跑雞》（*Chicken Run*）裡的雞逗笑，因為牠們的動作、行為和長相都很像人類，而這很不一致，也很荒謬。把雞劃進人類的概念即是範疇謬誤：這違反常理，這是在此所論的不一致性實例。儘管如此，《落跑雞》的創作者邀請觀眾思考這項提議，並在過程中觸發了喜劇娛樂。

叔本華和齊克果在幽默理論中，都選用「不一致性」這個詞，而不是「矛盾」。洋基隊傳奇球員尤基．貝拉（Yogi Berra）說某間餐廳：「都沒人去了，因為那裡太擠了。」或是《北非諜影》的導演麥可．寇蒂斯（Michael Curtiz）說：「算我零份。」（Include me out.）我們聽到這類發言會發笑，因為這違反、擾亂了常規；也打亂了演繹和歸納、形式與非形式的邏輯，這類發言具不一致性，於是為喜劇的根本。

同樣地，我們會認為「由於經濟不景氣，我姊收到了幾張之前核卡沒過的信用卡。」這樣的句子好笑，因為「收到核卡沒過的信用卡」自我矛盾；就像體重過重的人點披薩時，要求把披薩切成四片，而不是八片，因為他在減肥，這徹頭徹尾沒道理。

但除了邏輯和文法概念，我們還遵循許多其他的原理，於是幽默的範圍就比叔本華工整的理論更廣闊了。除了反邏輯以外，違反自然法則也可以促成喜劇娛樂發生。《哈利波特》（*Harry Potter*）系列無所不在的魅力，在於其透過一些迷人的發明，拼接了麻瓜世界的元素（物理學）和巫師世界的元素（魔法），如會飛的車、隱形的月台和不占空間的公車。此處的幽默在於，明明有魔法了，巫師世界卻還是保留了麻瓜世界的物理痕跡，而且就算使用了法術，這些機械物件還是會故障。

《哈利波特：消失的密室》（*Harry Potter and the Chamber of Secrets*）的情節也利用了不一致性：曼德拉草發完青春痘後就可以用了。該設定將人類和蔬菜兩種不同生物綁在一起，於是造成範疇謬誤。海綿寶寶作為一塊會說話的清潔海棉，也是類似的概念。

而且不止是生物，無生物之間也可以有不一致性。例如美國脫口秀喜劇演員雀兒喜・韓德勒（Chelsea Handler）說，她夢寐以求的禮物是「會做墨西哥捲餅的按摩棒」。

生物性的異常也可以是喜劇娛樂來源，其中一個例子的不一致性跟發育相關。紐約的弗里克博物館（Frick Museum）展間裡，法蘭索瓦・布雪（François Boucher）的木版畫裡描述的都是小孩子在做很大人的工作，例如《藝術與科學：化學》（*The Arts and the Sciences: Chemistry*）畫的是小孩在用大釜做化學實驗，這裡的笑點是在小孩子從事成人職業間的不一致性。

而這類幽默並不只存在在過去。美國最近有個推銷投資個人股票交易的電視廣告，畫面中嬰兒的嘴巴被合成成大人的嘴巴，旨在表達投資的手續超簡單，連嬰兒都會。還有，在電影《爛兄爛弟》（*Step Brothers*），威爾・法洛（Will Farrell）和約翰・萊利（John C. Reilly）飾演四十多歲的男人，但行為卻像十二歲小孩子。

除了邏輯和自然法則以外，我們也依循道德、保守和禮節的常規，於是許多幽默都包含了不道德、粗俗無禮和糜爛的行為。卓別林（Charlie Chaplin）有時會把別人當扶手或把桌布當手帕，這兩者都具有不一致性，因為它們是偏離常規的行為，前者把人當作物來使用違反了道德，後者則是很沒禮貌。

那約定俗成的常規裡，我們不只遵守禮儀，還服從語言文法和對話規則。例如，當一個人用「是。」來回答「現在幾點鐘？」，就違反了會話禮節。

對話的中心準則要求切勿模稜兩可。然而很明顯地，幽默主要來源「雙關語」就是要藐視這個準則才能成立。雙關語將一個字詞或是句子的確切含義，置換成比較次要或隱喻上的含義，並藉此達到「鬆」的效果。又或是將字詞的可預期用法，換成同音不同義的詞，例如：「那笨蛋幹嘛熬夜？他在讀他的驗血報告。（報告與考試同為 test，卻有不同意義。）」換言之，雙關語之所以具有不一致性，是因為它會依照其脈絡的指示，來動用不合適的詞意。格魯喬・馬克思（Groucho Marx）的雙關語常一口氣從語義、語法和對話的規則中全脫軌了。

有時雙關語的不一致性也來自胡言亂語。有人跟我說，紐澤西的新布藍茲維（New Brunswick）的有間鬆餅屋叫做「唐果屋」[2]，其命名完全沒道理，但發音又煞有一回事——或至少可識別——因為這名字聽起來很像童話故事的正確名稱。在此，如同佛洛伊德就他所謂無傷大雅的「笑話」所論，不一致性包含意義和無意義的相互作用。

此外，在笑話、諷刺作品和搞笑劇的世界，也看得見不一致性的蹤跡，從邏輯法則的角度看來，無論是演繹法或歸納法，形式還是非形式邏輯，它們都是荒謬的。

反諷也可帶來喜劇的幽默，因其涉及矛盾，也就是反諷表達一件事時，其實意味著相反的意義。文字遊戲也可以透過翻轉陳腔濫調或廣知說法的意義來展現

2. 譯注：原文 Hansel and Griddle 是 Hansel and Gretel 的諧音，一般中文將此故事翻譯為《糖果屋》。

幽默。如伏爾泰所言說：「儘管有全歐洲最優秀的醫生治療，這位病患還是倖存了。」很廣泛地說，禮節常規幾乎掌管了生活的所有面向，遂也打開了關於性行為、衛生、服裝禮儀等等幽默的可能性。我們預設了人類智力和生理狀況的常規，於是許多小丑都是蠢得不像人類或身材極端肥胖、細瘦，也就不意外了。

大致上，不一致論最初所假設的概念可被形容為「意義的問題化」，發生在概念或規則被打破或僭越的時候，但僭越範圍不限定在觀念上的錯誤、語言學的誤用或邏輯謬誤，在意義被延伸至逼近極限時，意義的問題化也會發生。

我們常見的喜劇團體大多是由一個大胖子和一個竹竿人組成，例如唐吉訶德（Don Quixote）和桑丘．潘薩（Sancho Panza）、勞萊（Laurel）與哈台（Hardy）、阿爾伯特（Abbott）和科斯特洛（Costello）。在該狀況下，雖沒有範疇謬誤，但我們面對的是人類概念的實例，而且該實例處於相關類別的光譜兩極端：兩個角色的差異如此之大，以至於人們會對該類別的異質性印象深刻，而非其同質性。

同樣地，當一個概念以極端不可能，而不是明顯錯誤的方式舉出實例時，不一致性就會出現。如果我們看到只有四十五公斤重的瘦子穿上相撲服裝，我們就會覺得這很不一致，因為該角色與相撲選手的刻板印象太不符了。

正如前述的例子所示，除了概念可被問題化，刻板印象也可以被問題化，以達到不一致的效果。我們可以透過誇大或降低其特徵來扭曲刻板印象。諷刺漫畫常常很誇大，例如男演員愛德華．羅賓遜（Edward G. Robinson）的漫畫就常把他的嘴唇畫得很大；美國前總統羅斯福（Franklin D. Roosevelt）則是以誇張的角度叼著煙管。確實，誇飾是滑稽模仿、惡搞和諷刺作品的標準配備；另一方面，前面提到的瘦弱相撲選手則是降低刻板印象所產生的不一致性範例。

藉由搭配性格迥異的喜劇角色，刻板印象也可以用來增加娛樂性。例如唐吉訶德的理想主義和桑丘的現實狡詐；伯蒂．伍斯特（Bertie Wooster）的腦袋空空和吉福斯（Jeeves）的知識淵博；或電影《育嬰奇譚》（*Bringing Up Baby*）中，包醫生（Dr Bone）的偏執狂和漢蘇珊的神經質。但反轉刻板印象也會造成滑稽效果，如同在喬治．赫里曼（George Herriman）的漫畫《瘋狂貓》（*Krazy Kat*），老鼠竟會攻擊狗；或是蘇斯博士（Dr Seuss）的漫畫《荷頓奇遇記》（*Horton Hears a Who!*），大象被猴子或袋鼠等體型較小的動物欺負。

同樣地，打從文藝復興以來，好色的神職人員就已經是喜劇班底，因為他們的行為與我們對此身份的觀念如此不一致。《十日談》（*The Decameron*）中，修女意外脫下了內衣，而不是頭巾，這情節雙重反常：不只表現了她詭異的頭飾，也暗示她或許並未守貞。

蘇珊．史都華（Susan Stewart）引用羅溫．艾金森（Rowan Atkinson，也就是「豆豆先生」）指出，幽默就是不尋常的行為，出現在不尋常的地方或是不對勁的大小尺寸，就像前述的小號相撲選手。舉個行為不尋常的例子：回想一下在伍德豪斯（P.G. Wodehouse）的小說《對喔．吉福斯》（*Right Ho Jeeves*），古希．芬克—諾特（Gussie Fink-Nottle）在頒獎典禮上酒醉演講的場景。正是因為古希無禮的胡言亂語和大家預期的頒獎典禮講者完全不相符，這一幕才這麼好笑。當小胖阿巴克爾（Fatty Arbuckle）和班尼・希爾（Benny Hill）這樣的胖男人穿上女裝時，他們在其文化中即是行為不尋常。同理，厄尼・科瓦克斯（Ernie Kovacs）在電視節目上穿猩猩裝跳《天鵝湖》亦然。

矛盾的觀點提供了另一種不一致性的來源。包括小說、劇作與電影等幽默敘事中，經常發生某些角色誤判情勢，他們以為自己正在交談的對象是園丁，結果對方其實是屋主。觀眾能意識到這一點，並在觀看時遊走於兩種可互相替換、同時又互相矛盾的解讀之間：被錯認的角色之有限視角，和敘事者的全知視角。有鑒於這兩個視角相當矛盾，不一致論者將其視為不一致性之並置的進一步實例。

有些笑話被稱作「元笑話」（meta-jokes），因為元笑話透過偏離約定俗成的笑話模式，來吸引人們對此模式的注意。「為何雞要過馬路？為了到對面。」這就是一個元笑話，因為它同時違反並揭示了我們對笑話的某種約定俗成或常規的預期，即笑話應要包含出乎意料（和假訊息）的笑點。說雞過馬路是為了要到對面，簡直跟沒說一樣，只有在作為一則笑話的結尾時，才具有反常的性質。同理，我們預期一個故事或對話的組成是由相互連貫、比例協調的片段所組成，而不合邏輯的描述是不一致的，因為它破壞了這樣的期待。

有些笑話則透過不一致性來反轉喜劇刻板印象，進而增加趣味，例如以下這個笑話，一個笨金髮妞將了狡猾的律師一軍：

在一班從倫敦往芝加哥的班機上，一位漂亮的金髮妞坐在穿著鯊魚皮紋西裝的律師旁邊。

律師看著金髮妞並說：「我們玩個遊戲吧。」

「什麼遊戲？」金髮妞問。

「我來問妳一個問題，如果妳答不出來，就要給我五英鎊。妳問我一個問題，如果我答不出來，我就得給妳五十英鎊。」

金髮妞點頭了。由律師先生開始。

「什麼是『人身保護令』（habeas corpus）？」金髮妞靜靜遞給律師五英鎊。

輪到金髮妞了，她問說：「上山時是灰色、紫色和黃綠色，而且有三條腿；但下山時只有一條腿，並變成藍色、紅色和白色。它是什麼？」

「我不知道。」律師給她五十英鎊，並問：「所以，它到底是什麼？」

金髮妞此時遞給他五英鎊。

於是「金髮笨妞／聰明律師」的笑話，就變成了「笨蛋律師／聰明金髮妞」的笑話。

情緒不協調也可被視為不一致性，例如，角色表現出與情境不相符合的情緒或態度；或只是把適切的情緒表現得太誇張，像傑基·葛里森（Jackie Gleason）在美國情境喜劇《新婚夢想家》（*The Honeymooners*）扮演的雷夫，他每集都至少會超乎常理地高分貝「爆怒」一次。同樣的，拉里·大衛（Larry David）在美國影集《人生如戲》（*Curb Your Enthusiasm*）裡總是不斷小事化大，造成與其他角色的巨大衝突和尷尬場面，他無法控制衝動，不知道何時要結束對話或停止製造麻煩，他的熱忱既不得體又無法抑制。電視評論家吉莉安·弗琳（Gillian Flynn）說，拉里·大衛的天才之處，在於「反覆思索那些微不足道的小煩惱、羞辱和冒犯，直到它們全變成了荒唐的巨大災難。」

當然，情緒的不一致並非只發生在情緒的過剩，有時無感的表現也同樣可笑，如以下這則關於一位女士和一則訃文的奇聞：

茱莉打電話給報社，想刊登她先生弗雷德的訃文，她問報社的員工這會花多少錢。

員工回覆：「一個字五英鎊。」

「天啊！」茱莉無奈地嘆了口氣。「那就這樣寫：『弗雷德死了。』」

茱莉掛電話以後，報社的員工為這位寡婦的處境感到難過。他回電並謊稱：「我忘記告訴您，本週訃文的字數買五送四。」

「太好了。」茱莉驚呼：「那麼這樣寫：『弗雷德死了。捷豹待售。』」

美感和品味也是有標準，當這些標準被明顯的笨拙和粗俗破壞時，也會引發喜劇娛樂。鬧劇的笑點取決於笨拙，而黃色笑話和廁所幽默則取決於粗俗，例如，拉伯雷在小說中安插了很不合宜的滑稽時刻：附近狗群把一位巴黎仕女當作了路燈柱，往她身上撒尿；或是《巨人傳》（*La vie de Gargantua et de Pantagruel*）裡的帕紐朱（Panurge），用亂七八糟的即興手語跟英國神學家爭辯，最後這位神職人員就崩潰了，還不小心大在褲子裡。由於性和性行為充斥著太多的規範和刻板印象，它們自然也是幽默的溫床。作家伍德豪斯描繪的法西斯惡霸羅德里克．斯波德（Roderick Spode），私底下其實是個很浪漫的女性內衣設計師，正是由於男性陽剛的刻板印象，我們才會覺得這情節很好笑。

同理，我們知道在處理宗教議題必須謹守禮儀，於是宗教議題就變成喜劇娛樂的樂土。如在《莎拉．席爾蔓秀》（*The Sarah Silverman Program*），席爾蔓跟上帝做愛後，發現上帝是個黑人，還把上帝甩了。

根據不一致論，喜劇娛樂的前提是觀眾清楚了解幽默所違反的觀念、規則和預期當中的一致性，而或許幽默的部分樂趣就在於訓練我們快速處理這些背景資訊的能力。

因此，典型不一致論就包含對觀念、規則、邏輯和推理法則、刻板印象、道德常規、禮貌、禮儀準則的偏離、干擾或問題化；也包含並陳的矛盾觀點以及整體而言，對共同預期的顛覆，其中有我們給情緒情境與模式的標準，以及對優雅、品味常規，甚至是喜劇本身形式的預期。有了典型不一致性的清單，不一致論者就可以著手建構幽默理論了。

根據不一致論，幽默具有依賴回應的特質，需要某種刺激來引起娛樂性，而這娛樂性則是對不一致性之展現的回應。也就是說，可感知的不一致性是稱為喜劇娛樂的心理狀態之主要對象，只要進入喜劇娛樂狀態，其對象必然是可感知的不一致性。喜劇娛樂狀態也可能是在回應偶然的幽默，我們可能突然注意到某些日常事物很有趣（不一致性），如一台Smart迷你車停在一輛加長型悍馬車的旁邊；或意外的荒謬，在非英語系國家菜單上讀到的破英文—晚餐特餐選擇：「火雞肉：二・二五英鎊，雞肉／牛肉：二・三五英鎊，幼兒：二・〇〇英鎊。」當然，喜劇娛樂會回應虛構幽默，例如笑話，笑話是被刻意創造以讓我們注意到事物的不一致性，甚至強迫我們去注意。

不一致理論優於優越論，因為和「自我」相比，可感知的不一致性或荒謬看來更可能是喜劇娛樂的對象。（優越論者指出歡笑是虛榮的表現時，也暗示了「自我」是喜劇娛樂之對象。）畢竟，我們對某些毫無笑點的事情——如對宿敵的殘殺——還是可能會產生優越感和隨之而來的殘忍笑聲。相反地，不管是自嘲還是嘲他，甚至是沒有嘲笑任何人，意義脫軌都是渾然天成的笑話梗。例如，當我們在運動背包裡找到一隻已經脫毛的雞或是在洗衣店裡的洗衣機中發現一隻冷凍火雞時，我們可能會感覺到喜劇娛樂，僅因為這些東西出現在不該出現的地方，而且過程中也沒有嘲笑任何一個真實或想像的人。

然而，可感知的不一致性只能算是喜劇娛樂的必要條件之一，也就是說，僅僅只是達到不一致性，還不足以讓一個東西好笑。十九世紀哲學家、心理學家和教育學者亞歷山大・貝恩（Alexander Bain）就指出，不一致性是個非常廣泛的概念，也太鬆散了，不一致論者無法藉此理論化幽默。貝恩也認為，不一致性沒有足夠的條件來解釋喜劇娛樂，因為有許多不一致性也會引發其他種感受。確實，在很多情況下遇到的不一致性並不好笑。

其中最明顯的是，許多不一致性還可能會激起恐懼和焦慮的感受。貝拉・盧戈西（Bela Lugosi）在《兩傻大戰科學怪人》（*Abbott and Costello Meet Frankenstein*）中，身穿那一身德古拉服裝的形象或許能讓我們覺得開心，但是在其他情況下則會使人感到不安。所以即使不一致性是喜劇娛樂的一部分，但不是全部：不一致性並不與喜劇娛樂完全相關。

面臨不一致性和偏離常規時，通常是遇到危險，而且焦慮破錶的情境。正如心理學家所言，如果陌生人對一個小孩做鬼臉，這個小孩很可能會嚇到，但換成熟悉的人做一樣的鬼臉（不一致性），這個小孩卻會笑。這說明喜劇娛樂要在人們不感到威脅的情況下才成立，他們不能把不一致性當作焦慮的來源，而是品味荒謬的機會。

因此，幽默的情境應帶給我們喜劇娛樂，不應包含備受威脅的情況。如果一位重達一百四十公斤的美式足球員向我們直奔而來，我們不會覺得有趣；同樣地，如果我們感覺到在當下情況有危險或可能造成別人的安全疑慮，我們也不會感覺有趣，因為這會造成焦慮。

亞理斯多德在談及虛構幽默時指出，喜劇不應包含痛苦或破壞，或更確切地說，它不應使人注意到苦難，也就是說，苦難應該「遠離舞台」。於是，為了讓不一致論更完整，可感知的不一致性得增加一個因素，那就是要感受到喜劇娛樂，而喜劇娛樂只會發生在沒有恐懼的情境——不管是爲我們自己，還是為我們所在乎的人（包括虛構人物）恐懼害怕。換句話說，喜劇的不一致性必須不帶威脅的成分，或者其潛在的威脅、恐懼、焦慮，至少必須被轉移或邊緣化。

當笑話裡有人被殺了——死者很常是律師——我們並不會聽到他們慘死的細節。因此，當《侏羅紀公園》（*Jurassic Park*）裡的律師在廁所裡被暴龍踩死時，觀眾還可以歡呼；如果他們看到律師被踩爛的身體或聽到他痛苦的呻吟，應該就笑不出來了。講笑話的人並不會詳述笑話中傷亡者的痛苦。此外，笑話中的受害者通常是我們不在乎的人，甚至是惹人討厭的人——或更進一步覺得他們罪有應得，像是美式笑話裡不斷出現的律師們。

當然，我們關心的人也可能成為笑話的主角，如鬧劇角色「三個臭皮匠」（Three Stooges），但值得注意的是，這些角色通常都是小丑，也就是不完全是人類的存在——他們可以在頭部被大錘重擊後，昏迷片刻就又滿血復活。

亨利．柏格森（Henri Bergson）以「心被暫時麻痺的剎那」這個令人難忘的詞，來描述對喜劇的殘酷耐受度。但我認為這不該被理解成喜劇娛樂和情緒的脫鉤，只是特定的情緒（如同理心）被暫時懸置，要麼讓我們轉移注意力，忽視會勾起同情心的元素，要麼降低其中的威脅跟危險程度，又或者是把他們描繪成令人反感的人物，或是非正常人類的存在，如小丑，於是不會遭受一般人的皮肉傷害。

虛構幽默利用各種外部與內部的常規，來確保其中的不一致性不會引發焦慮。關於外部因素，同理心要暫時被麻痺，必須運用一些常規來傳達出笑話中的不一致性並不具威脅，例如使用「你聽說過這個嗎？」這類說法開頭；或是利用語調改變以創造玩笑的情境，而此情境也是公認可以嬉笑怒罵的範圍。

也就是說，這些手法的出現提醒我們該保持喜劇中特有的距離感了，意即角色即將會被毆打、炸飛、被拋出窗外等等，但我們不用太擔心他們。簡言之，這些框架手法告訴我們，笑話和其他喜劇形式中的虛構人物與我們有著本質上的區別，而他們的遭遇不應該是我們的顧慮。

這些常規的「標記」不僅向觀眾宣導不需感到威脅，也同時要求大家啟動喜劇的距離感，對笑話和諷刺作品中的角色不需抱有同理心和道德的顧慮，於是面對這些在笑話世界和其他虛構幽默的故事背景中的人物，我們就不會感到憂慮擔心。他們就算下了十八層地獄、被鯊魚吃掉或從高樓摔下來，外部的常規所啟動的喜劇距離感會指示我們懸擱對他們的焦慮。

當然，並非所有類型的幽默都如此運作。在商務會議當中，一臉嚴肅講出來的冷面笑匠式笑話，雖然一開始並沒有被包裝成好笑的事，但是當中與常規極端不一致的元素會默默作用，首先使我們吃驚，再使我們反思，理解後才恍然大悟其荒謬之處。因此，若笑話中帶有殘忍的成分，不一致性會使我們從同理心轉移注意力，並築起喜劇距離感之牆。

此外，喜劇距離感或喜劇麻痺不只是處於幽默外部的常規功能。如我們討論過的笑話、鬧劇等等，也同時具有內部的結構化過程，刻意避開或不去注意喜劇角色生理、道德或心理上的不幸，來懸擱與之相關的焦慮。換言之，當我們聽到笑話中某人被吃了，我們不會想到他正在大量失血，或他的家人正面臨貧困，因為這些想法會引發同理心。事實上，虛構幽默必須建構在沒有痛苦概念的虛構世界，在此我們的同理心和道德上的反應都被暫停，於是笑話的情境也就沒有潛在的焦慮存在。

對於我提出的假設：幽默的不一致性不存在使聽者對喜劇災難受害者產生焦慮的元素，最明顯的反例即是黑色幽默，例如死寶寶笑話。

這些笑話中的不一致性展現了對嬰兒折磨和死亡的陶醉。例如：「什麼東西是咖啡色的，又會發出咯咯聲？／爐烤寶寶。」誰能否認如此對待無辜嬰兒根本就是邪惡的典範？

但這類笑話顯然逗樂了許多人，當中至少涉及兩個因素。首先，如同其他笑話，類似的笑話已被劃進笑話的範疇，於是能引發喜劇的距離感。更重要的是第二點，笑話中的寶寶根本不是喜劇的對象，死寶寶笑話或所有黑色幽默的對象，其實是那些假道學，也就是我們想像中會被死寶寶笑話惹怒的傢伙們。同理可知，英國喜劇團體「蒙提派森」（Monty Python）的電視劇中，看到精神障礙的街友拿磚敲自己的頭時，我認為此時的笑點不是街友，而是傾向過度渲染精神疾病的人。

美國卡通《南方四賤客》（*South Park*）有一集叫做〈小屎蛋冠軍盃〉（Stanley's Cup），劇情是經過一連串複雜的事件後，由屎蛋擔任教練的小朋友冰上曲棍球隊，竟打進了成人職業曲棍球賽。不過，這些職業球員無視他們還只是小學生，也沒有經驗或球技，完全把他們當作成人痛宰，拿出曲棍球賽著名的陰招來伺候他們。本集結尾，小朋友都被打得七零八落、鼻青臉腫，躺在血跡斑斑的冰上。

但很明顯地，這集中黑色幽默的目標並不是小朋友，而是在反諷小蝦米扳倒大鯨魚的煽情傾向——像是《少棒闖天下》（*The Bad News Bears*）這類電影。〈小屎蛋冠軍盃〉裡甚至有個癌症病童，鼓勵小朋友隊要為他贏得這場比賽，也在他看出小朋友隊必敗無疑後就嚥氣了。但這位病童也不是這集嘲諷的對象，而是那些過度濫情的人們，總是一把鼻涕、一把眼淚，盲目相信願望一定實現。《南方四賤客》的創作者就是很喜歡嘲笑這種人，而〈小屎蛋冠軍盃〉算是動畫版的死寶寶笑話。

一般來說，口頭笑話是惡作劇的延伸，有搞怪惡整的元素。說笑話的人拐騙聽者，讓他們相信笑話的荒謬結論有意義，儘管實際上並非如此。也許優越論說對了一點，那就是幽默常會有個笑柄，只是這個笑柄也常常是我們自己，所以我們也就不是因為優越感而笑。然而，當論及黑色幽默時，中招的人其實不是被逗樂的我們，而是一臉正經的觀眾，一聽到這種笑話就會氣到中風，〈小屎蛋冠軍盃〉的幽默正是此道。

提到黑色幽默，就不能不談談安德烈・布勒東（André Breton），他定義這種幽默是「多愁善感的死敵」。這就是為什麼在布紐爾（Luis Buñuel）的電影《黃金時代》（*L'Age d'Or*）裡，加斯頓・莫多（Gaston Modot）演的角色恣意地踩踏小蟲、嚇唬小狗、搧老太太耳光，還對盲人不禮貌。黑色幽默是對社會常規的諷刺，用來激怒布爾喬亞族群的另類方式；或是，如我的朋友瓊・艾可瑟拉（Joan Acocella）常說的：「這是一種把你媽逼瘋的方法。」

除了不能有威脅意味以外，幽默相關的不一致性還有另一個條件：不能很煩人。想像在一場正式晚宴上，沙拉叉被放錯位置。如果偏離常態的事情會讓你感到困擾，你就無法享受不一致性所帶來的趣味；但如果你對這類事情看得比較輕，並同時能察覺其不一致性，那你可能會被娛樂到。也就是說，人們對錯誤的反應不一，但如果你覺得好笑，你就不會同時覺得該錯誤很煩人。更進一步說，如果你被黑色幽默娛樂了，那同時一定有些人會感到被冒犯，甚至被惹怒，那你也就是在嘲笑他們不爽的反應。

對不一致論而言，喜劇娛樂的對象必須是被感知的不一致性，而且此不一致性還要不帶威脅意味、不使人焦慮或不讓人反感；相反地，它要能被享受，而虛構幽默就試圖提供這樣的狀態。然而，這當然還不足以定義喜劇娛樂，因為目前的定義也能滿足破解數學題的情緒；雖然有時解題也會帶來歡笑，但是數學題的答案既不幽默，也不是適當的喜劇娛樂對象。在理論和實務的層面，我們確實會從破解謎題和異常事務當中獲得樂趣，但這還不是歡樂。

在此的問題是，我們對於不一致性的反應不只有「具威脅性的、煩人的」和「喜劇娛樂」這兩種分區。有時不一致性只是要讓我們困惑，進而推動我們解決眼前的謎題。那麼促使我們解題的數學定理與習題和幽默之間，兩者的區別到底是什麼？

當然，硬要區別「破解謎題」和「由幽默引起的喜劇娛樂」所帶來的樂趣，你們現在會覺得太魯莽了，因爲很大一部分的喜劇娛樂是由笑話所啟發——不論是謎語類或是故事類——而笑話也時常有解題的成分，意即我們會依據笑點中的異常性來進行解讀，表面上是要能夠消除其中不一致性。然而，對笑點進行解讀跟解題時運用的思考，還是落在不同的範疇。

為了解釋前述論述，請看看以下這則笑話：

一位空難的唯一倖存者，遊蕩在一座位於太平洋中央的荒島上。多年後，他被經過的一艘遠洋客運救起來。負責替他做檢查的醫生說：「你的健康情況很好，但我想問你一件事，為什麼你在島上蓋了兩間猶太教堂？」倖存者說：「島嶼北端的那座是我的，另一座我不會去。」

這則笑話的笑點解答了為何島上有兩間猶太教堂，明明只有一個人。但這是在荒謬感的不斷疊加當中做到的，因為這則笑話要我們違抗良善的解讀原則，去想像這個人已經瘋到會多蓋一間建築物，只為了可以有不進去的選擇。雖然這則笑話的謎題得到了解答，不過答案本身即是荒謬或是不一致性，並不會引起進一步的推理，只是把大家逗樂了。

相反地，當我們投入在真正的解謎過程，一旦成功解決了其中的不一致性，愉悅感就會瞬間綻放開來，也就是說，解題是要真正地去理解意義，並且排除明顯的無意義。然而，在喜劇娛樂狀態下，我們不需要去找不一致性的對應解法，頂多在笑話的胡扯蛋之中，讚嘆看似是意義和一致性的隻字面語。解題的愉悅來自於尋找或企圖尋找解答的過程，而且此解答必須與世界運行的方式一致。另一方面，在笑話和類笑話中，謎題或不一致性能互相取代，而我們的思考也就到此為止。笑話導向的結果是意義的錯亂，但是面對填字遊戲或數學習題等認真地進行解題，目標是要找出對的答案，並從中獲得愉悅感。面對笑話，我們則喜歡——太喜歡了——錯誤的答案。

此外，在虛構幽默中，外部的常規和內部的結構會提醒我們，應擱置想要解題的傾向；換句話說，常規指出虛構幽默出現的時候，其實也宣布了在此不一致性的解答並不存在；與此同時，幽默的內容也拒絕擁有正確答案。解題的樂趣來自於找到真正的解答，這比什麼都重要；而喜劇娛樂的樂趣則聚焦在不一致性本身。

我們姑且、暫時地總結本書版的不一致論。一個人要能獲得喜劇娛樂，當且僅當：

一、他們的心理狀態所感知的對象是種不一致性。

二、他們不將此不一致性認知為具威脅性或會引發焦慮。

三、他們不將此不一致性認知為惱人。

四、他們不會以認真解題的角度來面對此不一致性。

五、他們恰恰是因為感知到該不一致性而被逗樂。

幽默具有依賴回應的特質，並且能夠提供喜劇娛樂。偶然的幽默與虛構幽默有所區別，後者具有符合外部與內部特質的目的性，進而創造喜劇娛樂；至於偶然的幽默，其接收者不僅是自己發現了不一致性，且自發地撇除了猜疑、煩躁的情緒和解題的傾向，從而敞開心胸，擁抱享受此刺激的可能。

不論幽默的不一致論看起來多有說服力，仍有至少一個無法忽略的問題：不一致性的概念本身，「不一致性」並無清楚的定義。過去叔本華等哲學家企圖嚴格定義幽默——他認為幽默本質上是範疇謬誤——但其定義太過狹隘，無法應用到一般認定為幽默的所有事物。於是我們被引導以列舉例證來進一步釐清不一致性的定義，但範圍又變得太廣了，從概念、邏輯的謬誤到不合宜的餐桌禮儀，或一般的無禮與顛覆常規的事。於是我們也擔心不一致性的概念太不準確，以致排他性不足，尤其是在資格不足的情況下，就去支持影響層面甚廣的論述，例如能顛覆普世預期的不一致性。所以重要問題是：不一致論能否被收束進本書提出的論述裡。我們在檢視完以下三個不同的幽默理論後，會再回到這個問題。

釋放論（The Release Theory）

第三個傳統幽默理論被稱為「釋放論」。有些評論家猜測，亞里斯多德曾在《詩學》失傳的第二冊中提出此理論，據說第二冊的主題就是喜劇分析。既然第一冊是以「情感宣洩」（catharsis）的概念來論悲劇——有些學者將宣洩解讀為清理積累的憐憫和恐懼等情緒——大家就猜測亞里斯多德可能會以此類推，將喜劇視為對某些積累情緒的釋放。

沙夫茨伯里伯爵三世（The Earl of Shaftesbury）提到，我們天生的自由靈魂常被束縛，有賴喜劇才得以釋放；佛洛依德也對該觀點表示認同，他認為理性為了壓抑幼稚的無意義事物和偏頗的情感而耗盡能量，喜劇則會釋放這些能量。赫伯特．史賓賽（Herbert Spencer）同樣將歡笑視為神經能量的釋放，把意識從某些重要或嚴肅的事物，轉向小而滑稽的事物。

在此情況下，原本積蓄著要用以面對嚴肅事務的神經能量，就被錯置或轉移到歡笑，最後被排出體外。

史賓賽和佛洛伊德的理論有同一個缺陷，他們預設人的精神有液壓式機制，而這個觀點很可疑。兩人都理所當然地認為，精神的能量會像水一樣在特定的管線中流動，繞過堵塞的地方，並且在加壓的狀態下會尋找釋放點。雖然他們使用了當時的科學術語，但現在看起來，這頂多是一種比喻；或是若以較不人身攻擊的方式來反駁，他們假設有東西需要被釋放，這些東西正在積聚或被壓抑，而這些東西就是巨量的能量，但支持此假設的科學基礎少之又少。

或許加入期待的概念去重新論述，釋放論可以不那麼具爭議性。當有人向我們出了謎題或說了笑話，自然而然地，我們會開始期待笑點的出現，會好奇這則笑話怎麼結尾，當笑點終於出現時，因期待的堆疊而產生的壓力就會被釋放，緊接而來的就是歡笑。

也許這就是康德為何會說：「歡笑這種情感產生於一股期待突然化為烏有。」也就是說，好奇心使我們專注於這個笑話（或是笑話吸引了我們的注意力），但是當結尾荒謬的笑點出現時（康德所謂的化為烏有），笑話對我們就不再有吸引力了。

然而，釋放的概念似乎沒有提供一個必要且精準或只是令人滿意的說法，來描述期待在笑話中扮演的角色。

在理想的狀況下，笑話和謎語能激發聽眾聽到結尾的慾望，例如，想聽到謎語的解答或笑話的笑點。當答案終於揭曉時，慾望因被滿足而產生愉悅感，而歡笑就是愉悅感的體現。但這過程沒有論及釋放的必要，光是期待與慾望和兩者的實現，就已經把一切說明清楚了。

也許有人會提議，一旦慾望被滿足，我們就擺脫它了（也是一種釋放）。但因為這是「我們的」慾望，這說法似乎是種無用的隱喻，只不過是在說所論及的慾望消失了，因為它被滿足了。畢竟是我們擁有這個慾望，而不是慾望佔據我們。這幾乎就像是說——從非神學的角度——當我們死了，我們就不再活著（我們不會說，我們被生命釋放了）。所以當期待被滿足時，更好的說法是：「我們不再有期待」，而不是「我們從期待中被釋放了。」

笑話屬於所謂「有時限的幽默」（temporal humour）的範疇，而且一定都會有結尾。但是並非所有的幽默形式都是如此，有些幽默運作的方式不包含期待的堆疊。因此，論及有時限的幽默形式時（如笑話），我們接受以釋放論來解釋

「期待」扮演的角色，但不隨時間堆疊期待的幽默形式，就不適合用釋放論來解釋。當只有四十五公斤重的相撲選手出現在擂台上或是在洗衣機裡找到一整隻火雞時，我們雖然被娛樂了，但期待並沒有起什麼作用，因為在這些例子裡，我們的意識並沒有接收到任何特定的預先期待。

當然，釋放論者還是可以假設，不管是多麼短暫，這當中或多或少都有潛意識在作動，而這時幽默就依然涉及期待。但是在這些潛意識的作動方式被交代清楚前，該策略聽起來都太過草率了。

又或者，我們確實有必要的期待，只是未必經過潛意識的處理，換句話說，我們對何謂「正常」有既定的期待，而是這些期待被幽默顛覆了，於是我們就從這些既定或正常期望中，被釋放出來。另外值得補充的是，當我們面對笑話毫無意義的荒謬結尾、瘦皮猴相撲選手或是洗衣機裡的火雞時，這種情況也會發生。然而我想再次強調，我們被常規性的概念所支配，之後再被釋放出來，這種想法還是有點牽強；除非去假設這些期待被賦予了約束或壓迫的權力，又或者需要一些額外的精神壓力，這些期待才能持續運作。

但這又回到同一個問題：釋放論傾向不斷擴展毫無根據的精神實體和／或過程。而且，若說對世界有正常的期待就等於被其束縛，似乎也不合情理，因為就在此例證中，真正的「束縛」是自己。

當然，我們也有可能在不涉及外來心理現象的前提下，去建構一種釋放論。前章節提到過，遇到異常情況（如一則笑話中的笑點）時，等同一個挑戰擺在人們眼前，一個不一致性，它有可能被判定為具威脅性、惱人、需要解答或是讓人開心。換言之，笑點其實是個需要被處理的困難，若判定它讓人開心，那困難就被移除了，而我們從備戰狀態，轉換到輕鬆自如的狀態，隨之而來的是放鬆。最初那種被要求的直覺消失了，解脫於焉而生。

上述的直覺意旨某種片刻的暗示，要我們去動員自己的資源，尤其是認知上的資源，而這暗示突然消失時的感受，或許就是康德所說的「化為烏有」。然而，我認為這種「過渡」可以更適切地定義為卸下認知重擔的精神體驗，在這精神體驗裡，充滿著突如其來的「輕」或是「變輕」的特質，我們稱之為「鬆」（levity）。

然而，即使所有類型的喜劇娛樂皆具有「鬆」的特質，釋放論仍不足以為喜感提供令人滿意的定義。因為從現象學的角度來看，這段突然感到如釋重負的時間裡，除了喜劇娛樂以外，還會出現很多其他的精神體驗。當一個人躲掉了看似無可避免的輸贏時刻，也會有類似的體驗。即使是現在所精修出的釋放論，充其量也只解釋了喜劇娛樂的必要條件。我們會發現，要更精確地定義幽默，需要將其中如釋重負或放鬆的概念與其他特質結合，或許在前述理論裡，這些特質早就已經出現過了。

遊戲論（The Play Theory）

幽默包含了嬉鬧的放鬆——作為遊戲論的基礎，這想法來自於亞里斯多德，他認為遊戲是活躍生活的補充。此論述主題又由阿奎納（St Thomas Aquinas）接續下去，他在著作《神學大全》（*Summa Theologica*）提出，遊戲能夠緩解活躍生活所帶來的疲勞，尤其是活躍的精神生活。他寫道：「愉悅與幽默，即只求靈魂愉悅的話語和行為，為求心靈慰藉的必要手段。」遊戲論也可以說是一種釋放論：將喜劇娛樂作為日常負擔的釋放；如果你是神學家，就是從哲學思辨中被釋放，在此你的生活是比常人更艱鉅。二十世紀的美國作家馬克斯・伊斯特曼（Max Eastman）辯護此理論，將幽默概括為一種遊戲。

而遊戲和幽默之間，確實存在著顯著且不斷重複出現的關聯模式。我們通常是在休閒放鬆的時候，才會縱容自己享受幽默，和朋友、家人或同事隨口胡鬧或開開玩笑就是一種放鬆。而且，就遊戲來討論大量的幽默也很合理：如文字遊戲、思想遊戲等等。簡單來說，許多幽默和遊戲或嬉鬧的意義重疊，但我們尚不清楚，它們是否意義相同。

即使遊戲或嬉鬧是幽默的必要條件，但也還未萬事俱足，因為也有許多遊戲與幽默無關。西洋跳棋（Draughts）是種遊戲，但與喜劇娛樂沒有實質關聯，而且跟幽默無關的休閒娛樂應該多不勝數，我就讓讀者來一一列舉了。

不過，另一方面，遊戲究竟是不是幽默的必要條件，也尚未釐清，其中癥結就在遊戲的概念，我們應該要如何定義遊戲？我們會說，遊戲與現實生活脫鉤，因為不認真、不嚴肅。但是如果這是遊戲的定義，那幽默就不一定是遊戲，因為大部分的幽默形式是諷刺，針對整個社會以及針對我們同類的某些特徵，例如虛偽。幽默不需脫離現實生活，如果遊戲被定義為脫離生活或是「非關嚴肅」，那幽默跟遊戲的屬性就不太相符，因為許多幽默（如諷刺）都與生活息息相關，而且很嚴肅。

為了讓部分的遊戲論對喜劇娛樂的論述可以成立，我們需要搞清楚是哪種遊戲與幽默密切相關。也許遊戲論中的元素可以與喜劇娛樂的其他理論相合併，並混入其他幽默理論的想法。有鑒於喜劇娛樂和遊戲常有關聯，當然會認為兩者很可能存在某種聯繫，但是那層聯繫究竟是什麼，還有待發掘。

意向論（The Dispositional theory）

許多當代幽默理論都是以下四種理論的變體，包括優越論、釋放論、遊戲論以及最常見的不一致論。但有個極其重要、極其有趣的當代幽默理論打破了先例，這理論由杰羅德・萊文森（Jerrold Levinson）所提出，他或許是其同期英美哲學家中，最傑出的美學理論家之一。萊文森的理論的確具有很高的原創性，因此需要特別關注。

萊文森認為，幽默之所以為幽默，在於其具有引起他人某種愉悅反應的意向，能在無外部因素的情況下，僅只是透過認知，就引起適當主體的某種愉悅反應（也就是在資訊、態度和情感上，都做好準備的主體）。再者，此愉悅反應（娛樂、歡快）也具有意向性，能溫和或激烈地進一步誘導出另一個現象，也就是歡笑。於是，對萊文森而言，幽默無法與歡笑引起的肌肉緊繃等身體表達切割，不管感受到的意向有多微弱。

該理論可被稱為幽默的意向論，因為其推斷出的特殊觀點：幽默涉及對歡笑的意向性。如不一致論，意向論也強調幽默的「認知—反應」的元素之重要性，差別在於萊文森並未將「反應」狹隘地定義為不一致性的感知；相反地，針對相關的認知及其意向性之對象，他保留了「無定義」的本質，僅要求這些認知具有某些意向性所導向之對象，並且規定這些意向性，只是為了引起合適主體的愉悅感，而引起其愉悅感。

當然，運用睿智寫出一道數學題的優雅解方，所引起的智力之愉悅感，也能滿足萊文森到目前為止（對幽默）的分析。為了對這類反例先發制人，萊文森還有最終的條件，幽默的認知所引發的愉悅感，須透過其誘導出歡笑的意向性來識別自身。因為，儘管精通數學可以激起一些人的歡笑，但這並不具有可靠的意向性去這麼做，即便是以解題為樂的數學家。

雖然萊文森的理論將幽默定位在某種特定的愉悅，但是並無明確定義此愉悅。若將愉悅指涉為歡快或是娛樂，其定義似乎與莫里哀（Molière）所謂的「睡眠的催眠力量」當中的循環論證有些類似。（在《無病呻吟》〔*The Imaginary Invalid*〕劇本中，一個角色問為什麼鴉片讓人想睡覺，他得到的答案是：催眠的力量就是其存在價值。）

為了讓此理論能有效辨識出幽默，萊文森需要把他心中未定義的愉悅感與其引發歡笑的意向性做連結。因此，以萊文森的觀點而言，意向性引發了歡笑，而歡笑則基於對愉悅感的認知，如此一來，就能區分幽默與解題的樂趣。日常語言哲學家[3]前輩們也許會說，歡笑是萊文森理論中的「當家」[4]。

另外，這指向歡笑的意向性不需要很強烈，可以只是很輕微的傾向，當然，它也不需要讓你真的笑出來才算數，更可以只是一種想笑的衝動。這是一個意向論，因為它不會具體指明喜劇娛樂的意向對象之結構，不一致論才會這麼做，意向論只要求被感知到的愉悅必須具有進一步的意向性，進而引發歡笑，不論多輕微都算數。

萊文森沒有明確表示，我們對指向歡笑的意向性應要理解到多精確。有些虛構幽默很低調，僅引發極輕微但確實存在的愉悅，這類愉悅的頂多就只呈現為短促、幾乎察覺不到的微笑，或只是眨眨眼。儘管相當細微，我們應將此視為被感知的歡笑傾向嗎？我認為通常我們不會。不過，萊文森也許應該被允許去把任何極輕微、生理上出現的想笑衝動都歸類為歡笑，不然就必須要重新建構他的理論，以涵蓋任何輕微的歡笑傾向以及各種性質的歡笑或微笑，包括很含蓄或很短暫的笑。

但這兩種方案還是都存在問題。如同萊文森的原本的理論，兩者皆將幽默與特定的載體做必然的連結，就典範而言，此特定載體為「人類身體」。於是用心

3. 譯注：日常語言哲學（Ordinary Language Philosophy），指對於日常用語的深入分析，是語言哲學及分析哲學的主要分支之一。

4. 譯注：原文：Laughter……is the component of Levinson's theory 'that wears the trousers.'「穿褲子的人」在英語中表示「做決定的人」或是「老闆」。

電感應溝通的桶中腦、無形體的神或是外星人，他們的社會就不會有幽默，因為他們都沒有生物結構可以「笑」，或甚至微笑。但我不認為我們對幽默的一般觀念會如此受限。如果有科幻小說家構想了上述這類的外星人社會，並將之描述成具有幽默感，我們也不會覺得他們的概念不連貫。

我們一般來說會認為，諸如美感和／或智能的愉悅感，並不伴隨明顯的身體知覺。假如有一群無形體的神在欣賞不一致性的樂趣，但並沒有笑，因為祂們沒有物理的條件可以「笑」。雖然我們不懂祂們的幽默，但是祂們確實創造、交換並欣賞著看來像是笑話的東西，難道我們會說這其中沒有幽默嗎？雖然祂們沒有笑出聲，或是不具有指向歡笑的意向性，不過請記得，這些笑話確實帶給了祂們愉悅感，某種類似美感或智能上的愉悅。去想像無形的靈體被喜劇娛樂給逗樂，似乎並不是自相矛盾或觀念上有謬誤的想法，萊文森似乎也不該基於這些反例是想像出來的、不是真實的，就反對這些反例，因為他的理論看來是希望在每個可理解的世界設定裡，探索喜劇娛樂的本質。

此外，想像有一群人因為嚴重的脊髓損傷，限制其橫隔膜、胸腔、胸部和腹部的肌肉控制，造成他們呼吸送氣能力缺乏。這些人沒辦法笑，因為他們不具有控制呼吸的必要條件，他們甚至感受不到任何「正常人」感到想笑的壓力。我們繼續想像，他們的臉孔癱瘓，於是他們也無法微笑。儘管如此，如前述的神一般，他們也必定可以創造、交換並欣賞其社群內的笑話，也許我們局外人無法意會這些笑話，但不管是因為形式或是這些傷者告知，我們仍看得出來是笑話，難道我們會說這社會缺乏幽默感嗎？

在無形體的神、無身體的外星人和身障人士的例子裡，我直覺的回答是「不」。即使一般人的情況，的確幽默時常伴隨著笑聲，但我不認為幽默的概念必然包含笑出聲的傾向。但如果把笑聲從萊文森的定義移除，他就無法像特定版本的不一致論，把解題的樂趣從幽默範疇剔除，因為他的理論架構中，喜劇娛樂的意向性對象就可以是任何事物；他也無法再理直氣壯地說，解題的樂趣肯定不是幽默。

萊文森沒有具體說明幽默的必要認知本質，而我們可在不一致論看見明確的定義，但萊文森認為這會太過狹隘，不過，他也沒有提出任何針對不一致論的有效反例。他只有簡短討論過一個例子，那就是有人踩到香蕉皮而滑倒的笑話，但他承認這也可能很幽默，因為其涉及期待縮減或古怪與驚訝，他比較像在舉一個廣義概念的不一致論例子，而不是反例。當然，柏格森會以「機械性分心」分析這個例子，將之視為一種偏離正常知覺運作的狀態，於是也可說是不一致性。因此，萊文森避免用「被感知的不一致性」，或其他類似的理論，可能是優化的後繼理論，來具體說明相關的認知過程，背後有沒有令人信服的原因，目前仍不得而知。

關於幽默，之所以要質疑萊文森如此開明地看待認知範圍，請讀以下反例。一些前衛電影中，例如高達（Jean-Luc Godard），能看見對其他藝術作品的致敬，不只是其他電影，還有畫作等等。當做好適當準備的觀眾——也就是「行家」（cognoscenti）——認出這些致敬作品時，他們會以笑聲來示意他們認出這些典故的愉悅，這相當常見，常去任何前衛電影院的人都能證實該說法。這些致敬不一定好笑或有幽默感，但顯然吸引了對致敬的認知，而對致敬的識別又引起了愉悅感，轉而把影癡們導向歡笑，這是個在此過程中常見的意向。當然，有些致敬的確會讓大眾覺得幽默，但這並非必要條件；而當致敬在情境下也不好笑時，儘管說它幽默是錯的，萊文森也只能硬著頭皮說它幽默。

再者，此處爭議不只是單一一個反例而已。近期關於「笑」的科學研究發現，大部分日常生活中的笑，並不會發生在笑話或笑點之後，而是一種日常對話中的潤滑劑。舉例來說，電台節目的訪問單元中，主持人與來賓問答間常出現的笑聲。這類日常笑聲的特質成為萊文森的理論棘手的問題，因為事實上引起該笑聲的愉悅感，常常是來自不好笑的認知（例如，關於一對情侶的訂婚計畫）。但可以肯定的是，並非所有一般概念中客套的笑聲都是幽默。

不一致論2.0

幽默的傳統理論和較近期的意向論皆遭遇了困難。然而，不一致論看來還是最有說服力，因為不一致論提供的方法最具資訊性，以便找出喜劇娛樂之對象的結構。這使我們有效地運用該理論來進行喜劇分析。不管是笑話、戲劇、諷刺作品和情景喜劇等等，我們都可以精確定位並剖析引起愉悅感的設計。例如，我們可以通過找出引人注意的可感知的不一致性，來檢視笑話之所以好笑的關鍵。

當然，目前的不一致論可能還不那麼令人滿意，因為不一致性的概念太過靈活、有彈性了，但我們也許可以引用其他主要理論的元素，來補強不一致性的概念，進而達到收束其延伸性的目的。釋放論和意向論在解讀喜劇娛樂的論述裡，都包含了體驗的維度。許多釋放論和萊文森的意向論之所以易受批評，在於兩者提及的體驗與特定的生理狀態相關聯，而且通常是假設性的狀態。儘管如此，將喜劇娛樂和特定共同經驗做連結，還是個值得進一步探索的想法。

前述版本的不一致論也有體驗的維度。我們推斷喜劇娛樂涉及享受的體驗，而引起此享受體驗的是精神活動，該精神活動又會刺激並解開其中的不一致性。然而，倘若從釋放論的討論出發，我們可進一步說，該體驗也具有所謂「鬆」的色彩，「鬆」是種體驗，伴隨著認知需求的消失並幻化成為「無意義」，也就是康德所說的「化為烏有」。也就是說，當遭逢某種不一致性，我們會做好準備，以迎接潛在挑戰，但當判斷眼前的刺激為荒謬時，我們則卸下防衛心或開朗起來，於是體驗了一種鬆鬆的或輕飄飄的感覺。

所以我們姑且說，像我們這樣的生物會在以下幾種條件，體驗到喜劇娛樂：（一）我們的精神狀態之對象是可感知的不一致性；（二）我們視其不一致性為無威脅性或不引發焦慮；（三）此不一致性也不惱人；（四）也不會覺得此不一致性是個需要被解決的問題；（五）但會享受此特定不一致性；（六）並導向「鬆」的體驗。基於上述，我們可以說幽默是個取決於回應的喜劇娛樂之對象。

如前章節所提及，這類理論早至十八世紀就被討論至今，難免會不斷被反駁。在總結此章前，讓我試著列舉一些挑戰的聲音。

第一個反對的說法：知名哲學家與辯論家羅傑．斯克魯頓（Roger Scruton）認為，被感知的不一致性不是喜劇娛樂之必要條件。好比說諷刺漫畫，漫畫版的尼克森總統腳邊常會有五點鐘方向的影子，就是要凸顯他兇殘的形象。假設這幅諷刺漫畫如實展現了尼克森的部分性格——也就是反應了現實——那你可能會想說，我們欣賞的其實是一致性，而非不一致性。

第二個類似的反例則觀察到，若某人的行為與其性格過度相符時，我們也會產生喜劇娛樂。例如，一個有錢的小氣鬼竟然吝嗇到寧願走三十公里路，也不願意花四十元搭公共運輸工具。此處的笑點是小氣鬼的行為與其性格或我們的期待相當一致，也可說是其本質的真實表現，於是，不一致性也就不是喜劇娛樂的必要條件。

可能你們已經猜到了，我對這些反例抱持懷疑態度。我認為，這些論述不過是在玩弄「不一致性」和「一致性」運作方式的理解，而且論述也很模稜兩可。在諷刺漫畫的例子裡，他所謂的「一致性」是「與所描繪之主角的性格相符合」，但這種「一致性」（如果你非得這樣稱呼它的話）正是視覺諷刺漫畫講求的不一致性，確切一點說，該不一致性建立於主角真實外表的偏移，通常是將其誇飾，比如說，詹皇（LeBron Raymone James Sr., 簡稱 LBJ）、小布希（George W. Bush）和歐巴馬（Barack Obama），在政治卡通裡的耳朵都會被畫得很巨大。沒了可感知的不一致性，喜劇娛樂的存在與否就備受質疑，就像林布蘭（Rembrandt Harmenszoon van Rijn）的自畫像不會觸發喜劇娛樂，為何？因為那不包含「視覺上」的不一致性。

還有另一個類似的策略能破解小氣鬼的例子。此例中，據稱小氣鬼的行為符合其性格；然而，也可以說是他的行為符合不一致性，因為他的節儉被誇大了。徒步三十公里路已超乎任何符合常理的判斷，這樣行為是種誇飾，而誇飾法是種不一致性的形式。

還有另一組反對的聲音，企圖指出不一致性不是喜劇娛樂之必要條件。這些反例指出，不一致論者無法在喜劇娛樂和欣賞藝術作品時會產生的愉悅感之間作區別。

我們觀看或思考奧森・威爾斯（Orson Welles）的電影《大國民》（*Citizen Kane*）時，其中一種愉悅感來自試圖要解讀片中的主要矛盾點：人的一生是否難以完全理解，正如主角凱恩的一生；又或者能夠被蛛絲馬跡層層解釋，藏在那意義深遠的玫瑰花蕾之中？我們從《大國民》所獲得的大部分愉悅感，不就來自詮釋學遊戲的一個作用[5]，鼓勵我們全神貫注地去追蹤敘事的意義？然而，即使我們將此感受稱為娛樂，這依然不是通常所說的喜劇娛樂，因此，喜劇娛樂之不一致論太過廣泛。

無獨有偶，許多超現實主義畫作，如達利（Salvador Dalí）的融化鐘錶，其不一致性深深吸引著我們，但這樣的畫作並不會使我們產生喜劇娛樂，氛圍太不祥了。所以我們再次認識到，不一致性的定義不夠清晰。

無可否認地，這些反對意見對初期的喜劇娛樂之不一致論有一定程度的影響，這些理論僅將喜劇娛樂定義為「對可感知的不一致性之回應」，但是我們目前歸納出的不一致論，已有資源可以涵融這些反例。超現實主義者的不一致性本就有意引起不安；他們不像笑話會構築有道理的假象，不管是博學的解讀或是偽知識的解讀，都一概拒絕。超現實主義的創生就是為了引發不安——激發揮之不去、謎一般的感受。因此，在我看來，超現實主義應被排除在喜劇娛樂之外，因為它們會引發焦慮。

另一方面，運用詮釋學遊戲來解讀藝術作品通常令人愉悅。檢視《大國民》並試圖找出得以結合迥異元素的主題，過程可以很有趣。但我們需注意，在此的愉悅感與解題的態度相連，而且是建立在找出解讀方式，於是在更進一步定義喜

5. 譯注：此處應是指高達美（Hans-Georg Gadamer）在《真理與方法》（*Wahrheit und Methode*）一書中所提出的遊戲概念。

劇娛樂時，我們會將之排除在外。同樣地，詩作與其他文學形式中的隱喻與修辭法也非不一致論的反例，因為它們邀請觀者去認真解讀，而這是一種解題的形式。

最後一個反面意見指出，「重複」常常會引發喜劇娛樂，但它並非總是具有不一致性。這說得有理，但並非所有的重複都會讓人發笑。會讓我們發笑的重複，通常與某種不一致性有關。「蒙提派森」的名言：「現在，讓我們來點完全不一樣的東西。」（And now for something completely different）很常被重複，但其好笑的原因不只是重複，而是因為一句毫無邏輯的台詞被偽裝成煞有其事的連接句。

另一個著名的段子中，有個角色每次聽見「尼加拉瓜大瀑布」，他就會殺氣沖沖地衝向說這個詞的人，並開始重複描述自己是如何對付他不忠的妻子和她情夫的故事，而且總是用「我慢慢地轉身……」作為開場。這段子當中的幽默在於，此情境中話語與行為間的不一致性，說出「尼加拉瓜大瀑布」的人，顯然跟該角色的妻子一點關係都沒有。當然，有時光是重複的話語就會惹人發笑，但通常是這些字詞被形塑成雙關語，有了多重意義而被重複，以及／或是因為在正常對話中，這種重複不太可能出現。

此外，不同情境下的「重複」可以引人發笑，因為相同的單詞或情境類型將刺激不同的概念和神經網路，進而引起對比鮮明和也具不一致性的字詞並置。

對於重複的質疑，這些回應似乎挖了一個更大的洞給喜劇娛樂之不一致論，僅是重新提出了更大的指控：即不一致性概念模糊，沒有太大用處。某種程度上該說法有點道理，我提議我們目前暫時採用不一致論，作為推進討論的最佳方法。在接下來的研究，讓我們將不一致性的概念作為啟發，這概念雖然不穩固但也非毫無意義，把該概念應用到更廣的範例，試圖確切地找出各個首要幽默結構中，各自對應且重複出現的變數。以這種方式運用不一致性，不一致性也許是可行的策略，甚至是迄今為止最有效的策略，用以揭示各種喜劇文類（如笑話和喜劇段子）的驅動機制。

所以，我們讓讀者自己測試這個假說，運用可感知的不一致性的概念以及本章中的許多例子，作為解析日常生活會遇到的幽默插曲。留心可感知的不一致性在幽默形式中出現的頻率，這會讓你可以像庖丁解牛一樣去剖析幽默。

第二章

幽默、情緒與認知

截至目前為止，我們一直把喜劇娛樂——也就是幽默所引發的狀態——視為一種情緒狀態，該假設在幽默優越論是一點問題都沒有，因為根據優越論，喜感是種輕蔑，而輕蔑顯然是一種情緒狀態。然而，我一直在建議大家採取喜劇娛樂之不一致論的觀點，但就目前提出的不一致論觀點，喜劇娛樂究竟是否為一種情緒狀態？

情緒／愉悅的類比

很顯然，喜劇娛樂和典型的情緒狀態之間有許多關聯性。首先，兩者都具有導向性。恐懼被導向被感知為具有威脅性的事物；而喜劇娛樂則被導向幽默的事物，而且，根據我們正在檢視的理論，其對象必定具有「被感知的不一致性」。而恐懼的對象具有意向性，意思是該對象不必要真的存在威脅，我們覺得該對象具有威脅性，但可能實際上沒有，該對象甚至也不一定是實際存在。同樣地，基本上喜劇娛樂之對象具有可感知的不一致性，但該對象不必要實際具有不一致性。

就像典型的情緒狀態一般，愉悅有分程度，就看其自我控制的力道。我可以在一定程度內控制愉悅值，就像我多少有能力控制恐懼與憤怒。此外，聽到笑話時，我可以欺騙自己關於樂趣來源的看法，就如同在得知同事為不同種族或性傾向時，我可能會欺騙自己對這位同事的態度。

另一個喜劇娛樂和典型情緒狀態的相似點在於，兩者似乎都有某種形式的對象或準則，來決定何時適合啟動該狀態。進入恐懼狀態的必要條件是感知到特定對象的危險性或傷害性。如果我身心狀況正常，我不會無故進入恐懼狀態，除非我感知到該狀態的對象之傷害性，雖然它不見得真的具有危險性，但至少我會有這樣的感覺。在這種情況下，被感知的危險性就是恐懼情緒的形式對象，或適切準則。

同樣的，就喜劇娛樂之優越論而言，該狀態的形式對象是劣於自身的人事物；而另一方面，以不一致論而言，該形式對象就是對自身而言，感知到並且判斷出的不一致性。

此外，一旦典型的情緒被觸發，該情緒會在認知上接管全局，不管是我們自身或是具聚焦效果的情境，都會強化該情緒狀態。舉例來說，如果我們正在對伴侶生氣，憤怒的情緒會讓我們找事情來發脾氣（想想你和伴侶每次都是怎麼樣越吵越兇的）。同樣地，當我們感受到喜感時，會傾向找到情境中更多的荒謬笑點，一個機智笑點會刺激更多笑點。不管是對自己還是聽眾而言，回憶過去的一件蠢事或好笑的人物，會讓熟悉這些過往的人想起其他更多笑點。

有時情緒可以啟動心境狀態——意即心理態度，可以校準感知與記憶，以在其支配下處理一切。例如：當開心的時候，周遭事物都渲染上快樂的氛圍，連隔壁的臭脾氣老頭看起來也只是很怪而已，還不至於討厭。同理，持續的喜感會使我們進入喜劇娛樂的心境裡，我們不管遇到什麼，都可以感知到其不一致性。這在喜劇劇作和電影中特別明顯，其開場常安插了笑料橋段，讓我們進入滑稽的心境狀態，這不只是引導我們為後續的笑料做好準備，也是在把我們導向歡笑，不然這些笑點可能不會把我們逗笑——也許是演員的怪癖、不太正常的眼神或一句不熟悉的對白。

另一個情緒的重要特徵是感染力，心理學家稱之為「情緒傳染源」（emotional contagion）。我們很容易可以觀察到，憤怒可以迅速在一夥人當中傳播。不過，喜劇娛樂也是如此，這在電影院很常觀察到，跟其他觀眾一起看電影會比自己在家看，更容易大笑出聲，所謂「笑聲會傳染」確有其事。再者，情境喜劇的製作人就是因為知道笑聲的效果，才會在一九五〇年九月九日這天，第一次在電視喜劇《漢克．麥庫恩秀》（*The Hank McCune Show*）中放罐頭笑聲，而美國電視劇《我愛露西》（*I Love Lucy*）則把罐頭笑聲發揚光大。罐頭笑聲是一個常見的手法，在《班尼．希爾》（*Benny Hill*）系列喜劇中也有出現，至今仍持續沿用。

不過，即使有上述的情緒和喜劇娛樂之關聯性，還是有些論述反駁喜劇娛樂作為一種情緒，而且似乎可以說，異議都是衝著幽默的不一致論而來的。

反對「喜劇娛樂作為情緒狀態」

對假說「喜劇娛樂作為情緒狀態」開第一槍的反對者認為，情緒涉及一個人的身體和／或狀態的變化，他們質疑喜劇娛樂是否也是如此。這或許聽起來有點怪，但如果有任何狀態可以造成身體變化，那喜劇娛樂絕對是其中之一，因為喜劇娛樂常是以爆笑的型態展現出來。然而，正如我們所見，雖然歡笑常常跟喜劇娛樂相關，但並非總是如此，有時一句機智妙語只能引起輕微淺笑或嘴角上揚，但這仍算是身體上的變化，這應該足以平息反對意見的砲火。

此外，雖然這些身體變化不明顯，但如我在前一章借用釋放論所延伸出的概念，我認為至少在像我們這樣的生物中，通常會有種可以稱之為「鬆」的明顯感受伴隨著喜劇娛樂出現，就現象學上，可說是突然感到輕鬆，一種先緊繃後放鬆的傾向。「鬆」感涉及了至少一種突然卸下重擔的心理感受——面對潛在困難時，先是緊繃，然後放手。例如，我們在聽到笑話的笑點時，會先感受到解題的壓力，並在理解到其中荒謬性後，壓力瞬間消失。也就是說，我們面對幽默的荒謬時，會產生現象學上的緊張或反感，但在意會到幽默並沒有挑戰性時，會產生一種放鬆、輕鬆或安心的感覺。我認為，這種接續的「鬆」體驗是喜劇娛樂的重要特徵，而且「鬆」的體驗所造成心理轉變過程，已足以將之歸類為一種情緒過程。

對於「喜劇娛樂作為一種情緒」的說法，另一個異議指出，引發典型的情緒通常需要信念，但不會有人相信現實中有人跟笑話裡的白痴一樣愚蠢。而關於真正的情緒和信念之間的連結，背後的預設是：所有的情緒都會引導行動，我們會因情緒而有不同的行動，如恐懼使我們為戰鬥、為逃跑做準備，或只是僵住。然而，喜劇娛樂並不會促使我們有任何行動。當感受到喜劇娛樂時，我們享受看來無害的不一致性，但我們沒有任何想要對此採取行動的衝動。

這些反對意見皆在兩個方面有所缺失：其對情緒本質的概括假設以及對喜劇娛樂本質的概括假設。關於大部分情緒，並非所有情緒都需要信念。對虛構人物和事件的情緒反應並不需要基於信念。例如，儘管我知道在《安娜・卡列尼娜》（*Anna Karenina*）中，主角所經歷的所有事件都是托爾斯泰（Leo Tolstoy）虛構的，但我還是可以為她感到悲傷。

情緒也不必基於對該情緒所指向的人、地點和事件存在信念（這裡所謂的信念是指在心中已確立的命題）。真正的情緒可以源自於想像，而這些想像則理解為可被主張或猜想的命題或情境類型，但並非斷言。例如，在讀《亂世佳人》（*Gone with the Wind*）時，我心中有「郝思嘉住在塔拉」（Scarlett O'Hara lived at Tara）的命題，但這不是一個肯定的斷言，就像菲利普・西德尼（Sir Philip Sidney）在討論詩歌所說，虛構小說不會證實任何事情。

「想像」可以引起情緒反應，而虛構小說也不是唯一的例子。想像自己的手指被絞進碎肉機也會讓你感到焦慮，即使你知道並且相信附近沒有這樣的機器。

因此，因為真實的情緒可以來自想像物，許多幽默的不一致性，如大部分的笑話，都是虛構或胡謅（而且聽眾是能夠「想像」而非「相信」這些笑話），我們並沒有理由駁斥喜劇娛樂是一種情緒狀態。

而典型的情緒在發揮典型的功能時，它與信念之間的相關性是無關緊要的。毫無疑問，我們的史前祖先聽到與事實相反的故事，還是會因為擔心自己遭遇這些事情而感到恐懼，但這並不代表他們相信這是正在發生的事情。這是人類演化的優勢，讓許多孩子遠離某些危險所在，例如鱷魚聚集的地方，否則他們可能會被吃掉，錯失了繁殖後代的機會。

然而，反駁「喜劇娛樂作為一種情緒」的假設時，「無信念論」之所以頹軟無力，不僅是因為情緒的成立不需信念的存在，信念論還假設了喜劇娛樂永遠不會建立在信念之上。但當我們看劇團「蒙提・派森」（Monty Python）的表演，並對著約翰・克里斯（John Cleese）的滑稽走步大笑時，我不會在「想像」他不一致地走步，而是「相信」他正在這麼做。於是當我看見一頂古怪的帽子而微笑時，我是真的相信這頂帽子很怪，而不只是假設它很怪。

更進一步說，喜劇娛樂可與信念連結的事實，也讓人開始思考，喜劇娛樂真的無法引導行動嗎？諷刺是喜劇娛樂的重要來源，「舊金山默劇團」（The San Francisco Mime Troupe）和美國反主流劇團「牽線偶人戲劇院」（Bread and Puppet Theater）繼承了布萊希特（Bertolt Brecht）的精神，在表演中加入諷刺以翻轉人們的信念。他們使用一種比喻形式的喜劇不一致性——特別是誇飾——來影響我們對「建制派」的信念，希望這將我們導向某些形式的政治行動，即使只是去投票。英國電影《靈通人士》（*In the Loop*）旨在破壞我們對政策制定者和外交官的信任——也就是我們對他們的信念，這勢必對一些觀眾產生了影響。確實如此，諷刺性別歧視、種族主義和／或恐同症，可能改變我們的信念，從而改變我們的行為。而且，無論如何，許多文化工作都建立在這信念之上。

當然，「無行動論」部分依賴著一種對情緒的錯誤概括論述，並非所有的情緒狀態都會導向行動。作為一位研究者，我也許會對亞歷山大圖書館（the Great Library of Alexandria）被焚毀而感到巨大的悲傷，但這股對古代智慧瑰寶消散的悲傷，並不會促使我多做什麼。畢竟，除了弔念以外，我也不能做什麼了；這股悲傷的情緒，甚至不會使我許願亞歷山大圖書館從未被焚毀，因為我知道這會造成歷史進程不可預見且可能不愉快的改變。因此，我的悲傷引導我不去採取行動，也不去希望自己能夠採取行動。並非所有的情緒狀態都會促使人們行動，因此，即使喜劇娛樂不會引導我們採取行動，也不能證明它不是一種情緒狀態。

約翰．莫里爾（John Morreall）可能是當代哲學家中，針對喜劇娛樂有最多著述的學者，他對「喜劇娛樂作為情緒」的說法，提出了更為複雜的反對意見。他認為，就典型的情緒而言，當我們發現情緒狀態令人愉悅時，我們同時會覺得該情緒狀態的對象也令人愉悅。例如，當處於兩情相悅的狀況，我們大致上是充滿愉悅，而且愛人讓我們很開心；當被蛇嚇到時，我們處在焦慮狀態，即是這條蛇讓我們感到很不安。

但在喜劇娛樂的例子中不太常見這種對稱性。為了讓這反對意見更有力道，莫里爾想出了以下例子：

娛樂……之所以令人愉悅，不是因為取悅我們的事物對我們來說很令人愉悅——取悅我們的事物常常是很不吸引人或甚至有可能令人作嘔——而是因為我們觀察、思考的過程是很愉悅的經驗。例如，我們可能會覺得一棟多彩且窗戶奇形怪狀的房子很詭異，令人感到愉悅的是看見這棟怪房錯落在其他正常的房子裡，顯得很突兀，我們被其中的不一致性所逗樂了。

讓我們將這樣的論證稱為「對稱論證」。然而，就像無信念論和無行動論一樣，將情緒廣泛化了，而該預設並不全面。輕蔑是一種情緒，但我們能夠從輕蔑某個對象得到樂趣，享受看不起該對象的感覺，卻不一定會被輕蔑的對象逗樂。在莫里爾的例子中，他被過度多彩的房子給逗樂了，但比較不耐煩的人則可能會產生蔑視，輕蔑的體驗有時是也很令人開心，許多人都喜歡在小圈圈裡，貶低圈外人的品味。輕蔑無疑是一種情緒狀態，儘管輕蔑體驗中的潛在愉悅感，和對被輕蔑的對象產生的厭惡或反感之間，不需要有對稱關係，因此，當喜感體驗與其對象之間的關係不對稱，那也不會是個問題，畢竟優越論的基礎是輕蔑，而我們認為其所依循的感受與幽默十分相關。

在上一個章節提過的辯論家羅傑·斯克魯頓，基於喜劇娛樂缺乏形式對象或適當的標準，而認為喜劇娛樂不是一種情緒。當然，我還是認為可感知的不一致性足以作為形式對象或喜劇娛樂的判斷標準，但斯克魯頓就此提出了幾個挑戰的理由。

首先，他主張不一致性並不是喜劇娛樂之必要條件。前一章有提到，他以諷刺漫畫為例，主張喜劇娛樂通常是從一致性產生，而非不一致性。

其次，他提出喜劇娛樂並非感知事物不一致性的思考方式，而是一種貶低事物的態度；也就是說，幽默是一種貶低的形式。然而，關於喜劇娛樂作為一種貶低的形式，他的唯一證據似乎只是認為，沒有人會喜歡被嘲笑。

我希望我已清楚闡明，斯克魯頓基於喜劇的一致性概念，否認不一致性作為相關種類的趣味之形式對象，這樣的論述很模稜兩可。就諷刺漫畫而言，其論述模稜兩可體現在，「一致性作為畫作人物的本質之相符性」以及「不一致性作為其人物的外觀之不相符性」之間。當然，這兩個論述並不是不相容，兩者都可能存在於同一個角色上。此外，如果只有前者的一致性種類出現，而沒有外觀上的不一致，喜劇娛樂就不成立。想想邱吉爾（Winston Churchill）的照片，他如何被拍攝成堅定如山、充滿決心的樣子。這些照片展現了他性格中的果敢，但並不好笑，之所以不是諷刺漫畫，就是因為它們在視覺上不具有不一致性。

為了要反駁「喜劇娛樂涉及以不一致性來感知事物」，斯克魯頓提出喜劇娛樂涉及以貶低的方式來看待事物，即喜劇娛樂作為一種有意識的貶低形式。斯克魯頓認為該概念不會產生一個形式對象，因為有千百種思考方式可以用來貶低事物。我不確定為何這就代表在此不具有形式對象，因為我們也有千百種方式，去恐懼事物或去為某事感到憤怒，以及去找其中的不一致性。

再者，並不是所有的哲學家都認為情緒須有形式對象。艾蜜莉．羅蒂（Amelie Rorty）和派翠西亞．格林斯潘（Patricia Greenspan）等哲學家認為，情緒可能僅涉及關注的模式，而斯克魯頓的貶低概念聽起來確實像是一種關注的模式。於是，他的論點無法說服羅蒂和格林斯潘等哲學家。

然而，我對斯克魯頓所提出的不一致性替代方案，抱持更深的保留態度，該方案不如不一致性概念經得起資料數據的檢驗。換句話說，如果斯克魯頓的一致性論證並未將不一致論從辯論中剔除，不一致論就比斯克魯頓的提議更為全面。正如上述所見，當我們遇到某些偏離常規但卓越的事物時，也會產生喜劇娛樂。當巴斯特．基頓極具創意、優雅和機智地操弄世上萬物時，我們的興奮不是來自貶低，而是欣賞。

斯克魯頓的貶低論假說是依據沒有人想被取笑，但我不完全買單。因為職業喜劇演員肯定希望被人嘲笑，尤其是擅長自嘲演員，比如來自美國的羅德尼・丹格菲爾德（Rodney Dangerfield），否則他們就沒飯吃了。而且，就我的兒時回憶而言，班上的開心果總是很樂意且無所不用其極地逗大家笑。

當然，斯克魯頓辯護說，他所謂的「被嘲笑」專指「以一種沒人會喜歡的方式被貶低」。然而，被笑確實可以有更單純的含義：作為喜劇娛樂的特定對象，如同基頓表演某些高明橋段的例子。也許斯克魯頓在此是把假設當結論了，他沒有論證所有喜劇娛樂都等同於貶低的態度，而只是某些「嘲笑人」的情況是在貶低他人。然而，這還遠不足以支撐一個理論。

新詹姆士主義的反對意見

近期另一個更新的反對論點，即是認為喜劇娛樂之不一致論太著重於認知，該論述看似預設了類似於情緒的認知理論。根據不一致論，感到喜劇娛樂的主體心中存在一些用來分類的小格子，當被逗樂時，主體試圖將喜劇娛樂之對象歸類，並享受其逃出分類格子的方式。

然而，在逐漸流行起來的新詹姆斯主義（The neo-Jamesian）觀點中，此論述似乎存在著過多的思考過程。哲學家兼心理學家威廉・詹姆斯為新詹姆斯主義者的先驅，該流派也以他為名，他們認為情緒狀態更像是一種感知，而不是認知的分類過程。該狀態先是一種非認知的情緒評斷，接著引發生理學上的變化，而認知是在原初反應之後才介入，其功能是監控和修改我們不同階段的反應。因此，對於喜劇娛樂是否作為一種情緒狀態，新詹姆斯主義者會主張，其不會像喜劇娛樂之不一致論所假設的那樣具有智能。因此，如果以不一致論來分析喜劇娛樂，它就不再是一種情緒。

首先，我想表達一下抗議。雖然有科學證據指出上述的情境描述了情緒反應最常見的模式，我也接受該論述，但我不理解為何新詹姆斯主義者會如此確信，情緒狀態絕不會採取早期的情緒認知理論所假設的途徑。情緒認知理論指出，某些認知評斷的介入早於情緒的生理—感受階段，有些情緒，像是學術研究上的嫉妒，不就是這樣嗎？

再者，在我看來，新詹姆斯主義論者似乎想方設法要讓情緒狀態符合其論述，但情緒狀態明明就更多由認知所驅動，他們似乎有些牽強。珍妮佛·羅賓森（Jenefer Robinson）是傑出的新詹姆斯主義理論美學家，她聲稱當思考先於情緒評斷時，會有一個介於兩者之間的階段，作動我們的情緒記憶系統，將思考與過去的情境或情況類型進行配對，接著引發生理評斷，而這才是情緒真正開始的階段。

但這對我來說，似乎多了一個步驟。為什麼單靠思考不能得出足以引起生理變化的評斷？為什麼必須繞去情緒記憶庫呢？我認為只有在全面的非認知主義觀點下，這途徑才有說服力，不然在當下情境，這是把尚需證明的假設當前提了。因此，至少在目前的情況下，我認為可以去假定一些情緒狀態的建立，早於情緒認知理論的主張所述，而且該模型可以被用來理解至少**某些**喜劇娛樂的概念

至於其他的異議呢？前面就已經提過了，我認為喜劇娛樂之不一致論不必站在新詹姆斯主義的對立面。

為了理解這點，我們來看看大多數笑話中的「兩階段結構」，例如：

貝絲在高速公路上用手機打給她的朋友詹姆士。貝絲警告詹姆士要小心，因為有個瘋子在高速公路上逆向行駛。詹姆士回答：「對啊，現在高速公路上有幾百個瘋子。」

這則笑話的第一階段結束在笑點的出現。笑點本質上很難解，需要人們去解

讀。第二階段則在聽者成功解讀笑點時結束。

但是這個解讀通常和笑點一樣具不一致性且荒謬。這則笑話的笑點促使或至少鼓勵聽者去問：「為什麼高速公路上會有這麼多逆向車？」接著，我們理解到詹姆士就是那逆向的瘋子。但這件事可能性太低了——善意理解原則（the principle of charity）[6]在此引申到極限——怎麼可能會有人笨到沒有發現自己正逆向行駛在擁擠的高速公路上。這樣的人就跟白痴一樣荒唐，對，詹姆士就是個白痴。

然而，該情境與新詹姆斯主義主張的情緒分類概念相符。在第一階段情緒評斷出現了，根據新詹姆斯主義的情境，這種感知可被理解為「這真奇怪、真出乎意料」或「這好不尋常」，甚至可能是「這是不一致的」。也就是說，情緒評斷的階段涉及模式辨識，這當然也包括模式的偏離，而這也許會導向所謂「大吃一驚」的生理狀態，如同研究者的觀察，這會觸發人類的交感神經系統，準備好啟動戰鬥／逃跑反應。不過這個過程接著又受到認知監控的支配，「認知」確認此處並無威脅後，會將刺激物識別為無害的無稽之物，既然無害，此處的情緒就不是恐懼，又因為它是荒謬的無稽之物，我們也不會以理性來追究或解釋其異常之處；相反地，我們從中找到樂趣，而該樂趣常以歡笑或「鬆」感體現，而我們起初「大吃一驚」的感覺也就消退了。

雖然喜劇娛樂之不一致論看似完全基於認知情緒理論，而且是新詹姆斯主義者避開的那類論述，但不必是如此。事實上，兩者可以結合得很好。因此，新詹姆斯主義若是為真，也沒有理由去把（不一致論所述之）喜劇娛樂作為一種情緒狀態的推論給打折扣。另一方面，如果情緒認知理論或某種認知理論與新詹姆斯主義的結合體得以為真，那麼喜劇娛樂之不一致論者就更不用擔心了。

6. 譯注：善意理解原則（the principle of charity）意為，看待他者的論述時，儘量以貼近作者原意的方式去理解，而非一開始就站在對立面。

幽默帶給人類什麼切身利益？

關於喜劇娛樂作為一種情緒狀態的推論，最後一個反對論點指出，情緒應要涉及人類的切身利益。恐懼使我們遠離傷害；憤怒避免我們遭受不公正的對待；嫉妒警告我們，某個重要的情感來源就要被奪走；悲傷則提點的是失去。若喜劇娛樂一種情緒，那與哪一種切身利益相關呢？喜劇娛樂之優越論給了答案。瞬間榮耀所引發的笑聲強化了我們的社會地位。但倘若喜劇娛樂之不一致論更有說服力與發展性，那不一致性所帶來的愉悅感，究竟會帶給我們什麼好處？

通才博學家喬納森・米勒（Jonathan Miller）提出了一個令人興奮的提議。米勒是位神經學家、歌劇導演，同時也是喜劇團體「邊緣之外」（Beyond the Fringe）的成員。某種程度也與喜劇娛樂之不一致論相符合，米勒引用了電影《淘金熱》（*The Gold Rush*）中，卓別林吃靴子的場景（見圖3），米勒評論道：這幕構成「令人震驚的異常，一個物件突然被強行重新分類，從完全不可食

圖 3　查理・卓別林在《淘金記》中吃靴子的場景。
© Photo 12/Alamy 圖庫

用的範疇取出，並移置於精美的可食用範疇……這場景刷新了我們對日常範疇分類的判斷。」米勒認為，藉由這種方式玩弄我們的假設、分類和概念，「我們已防止自己被習以為常的範疇分類給奴化。」總上所述，幽默是「概念的預演與重新建立」。

米勒延伸討論指出：「生活中的所有程序都有經驗法則，使我們能如自動駕駛般生活……我們依靠這些範疇以做好日常事務，而笑話讓我們退一步並檢視這些分類方式。」因此，米勒認為，被逗樂可以使我們預演和修改這些範疇，我們因此得以恢復到他所說的「更靈活多工的自己」。因此，喜劇娛樂就與我們的切身利益息息相關。

米勒的提議非常適合喜劇娛樂之不一致論。米勒認為，喜劇娛樂通常是藉由玩弄我們觀念，以進入認知的領域；雖然在此觀點上我跟米勒站在一起，但我不認為幽默一如米勒所言，在產生新的、更好的觀念如此舉足輕重。我想，你可以說喜劇娛樂讓我們擺脫了日常規範和概念的專制，但並沒有導向建立更高意義，它導向的是「無意義」。除了某些哲學上的反例之外，很難想到其他喜劇娛樂促成觀念修正的例子，但米勒不是在談哲學上的反例，他說的是日常喜劇娛樂。

麻省理工學院人工智能實驗室聯合創始人馬文．明斯基（Marvin Minsky）在《心智社會》（*The Society of the Mind*）一書中有更具發展性的說法。和米勒一樣，明斯基強調喜劇娛樂和認知之間的聯繫；也是跟米勒相同，他堅信幽默的主要功能是要打亂我們的日常策略法。

我們用以下這個中國的古代軼事，來解釋明斯基的想法：「智者遇到一位富翁，看見富翁走在馬的前面。聖人問他為什麼不騎馬，富翁回答：『六條腿比四條腿走得快。』」——通常是這樣沒錯，但正如故事所揭示，普遍適用的經驗法則並非總是為真。

對明斯基而言，我們被過多的經驗法則所支配，而運用這些法則可讓人生過得更游刃有餘，但這些策略作為推理程序並不完美，運作快卻並不總是準確。事實上，這些策略法可能會出錯，而且往往出的差錯還不只一種，根據明斯基的說法，喜劇娛樂的功能是要讓我們了解，常規的思維和推理程序可能會犯的多種錯誤。

幽默的功能是要標示出明斯基所謂的「認知錯誤」。明斯基將自己的理論和弗洛伊德的理論並置，他聲稱，我們能透過幽默建立一個相當於「無意識的認知審查員」以監控日常思維，並可防止我們遇上該策略法可能導致的大量錯誤。

我認為明斯基的喜劇娛樂相關理論優於米勒，因為明斯基並沒有把喜劇娛樂誤解成優越思想的源泉，其功能是提醒我們去注意有缺陷的思維。然而，明斯基把其觀點與弗洛伊德的無意識概念相比照，這類比並不成功。對弗洛伊德來說，笑話躲過了審查；相反地，明斯基堅信笑話構建了審查，——一點一滴地，以一個策略法失誤接著一個策略法失誤來建構。

明斯基的錯誤類比也算是輕微。按照弗洛伊德的說法，笑話引起的樂趣來自審查制度的解除，也就是說，弗洛伊德就無意識本我的利益來解釋開玩笑的樂趣。但在明斯基的論述並沒有本我的認知——可能是因為認知本我自相矛盾，然而，這使得明斯基的理論裡缺乏關於愉悅的說明。

我其實認為接下來的問題更嚴重。我們從喜劇的「無意義」感到愉悅，這一事實預示的概念，似乎與明斯基的認知審查員構建正好相反。既然我們欣賞喜感的不一致性，這難道不會鼓勵我們去創造這些不一致性嗎？甚至是越多越好，我們通常不會壓抑帶給我們快樂的東西。既然喜感的不一致性會讓我們開心，難道這不會促使我們去做更多，而不是更少的荒謬行為嗎？一個笑話總是引出另一個笑話，這很常見的現象或許也證實了這一點。

在這方面，與明斯基相反，我們會認為喜劇娛樂是認知的天敵，而不是助益者。關於對監護階級的教育，柏拉圖也確實提出過相關的擔憂，柏拉圖不鼓勵他們大笑，因為習慣大笑的人為了縱情歡笑，傾向於不顧一切地說或做一些與理性相悖的事情。

如果正如明斯基和不一致論者的主張，幽默與「認知錯誤」有關，那麼喜劇娛樂給予認知什麼利益呢？喜劇娛樂所產生的愉悅難道不會是加強我們錯誤的產生，而非減弱它嗎？簡而言之，關於認知無意識審查者的概念，明斯基並未解釋喜劇娛樂帶給認知的利益為何。

雖然人們通常不會花太多時間沉浸在一個笑話或其他喜感的不一致形式上，但會在腦海中反覆思考笑點和其解讀，以便品味其中趣味。人們常會大聲重複笑點一兩次，以便在某種程度上重播笑話或一個俏皮話，就像是第一次意會到笑點的那刻，這些重播就會充滿了愉悅感。在此，愉悅的功能似乎是在鼓勵我們專注於喜感的不一致性。

以明斯基的論述來解釋的話，喜劇娛樂的愉悅成分將我們的注意力引導到所呈現的認知錯誤上，並促使我們仔細檢查並加強了解這些錯誤，從而避免這些錯誤，尤其是當我們啟動了鋪天蓋地的策略法、經驗法則、常規、概念和場景等，這些日常生活中，我們大多會自動套用的模式。

正如米勒的觀察，很多人類思考都是在無意識的狀態下進行。而幽默是倚仗不動腦筋但又熟悉的推理模式、錯誤信念和不合理的假設。例如，笑話的笑點會像代數題的解答一樣，漸漸為我們所明白，但同時又讓我們覺得很荒謬，笑點抗拒理解，因為笑點無法與我們所知的世界或世界應有的樣貌相結合。採用明斯基的論述所指，幽默藉由搜查並放大各種認知捷徑的弱點，來為我們的思維處理程序「除錯」（debug），並以隨著娛樂或喜劇娛樂而來的愉悅感，來獎勵我們揪出這些缺陷。

喜劇娛樂不僅使我們注意到錯誤的假設和推理，還將這些認知錯誤深植於我們的記憶中。此外，我們喜歡向他人重述這些錯誤，作為一種傳播社交訊息的方式，向人們傳達，像我們這樣的人可能犯什麼樣的認知錯誤。在這兩種情況下，歡笑是一種機制。換句話說，就算喜劇娛樂引起的愉悅不足以使認知假設和處理程序中的缺陷變得深刻，至少喜感能使它們不那麼容易被遺忘。想想在「現實生活」中，你有多常在犯了大錯後想起一則笑話，之後還會想與「現實生活」中知情的人分享這個笑話。

在識別認知／情緒系統之異常狀況的過程中，喜劇娛樂會迸發出來。或者換個比喻，喜劇娛樂是我們所經歷的認知淨化的部分過程，而該過程又被愉悅所推動。

當然，除非有個肇因，否則演化很少會將愉悅與某種事物聯繫在一起。愉悅之所以與喜感的不一致性做連結，就是為了要標示出我們心理機制中難以抗拒且容易掉入的陷阱，正如人們所謂的「陷入文字遊戲」的情景[7]。因此，從不一致的角度（特別是關於笑話）來看，很多喜劇娛樂可說是與其他情緒相似，為人類提供了重要利益，這些重要利益涉及認知的良好運作。

正如前一章所述，一些理論家將喜劇娛樂視為一種遊戲形式。我們合理懷疑該觀點作為幽默的通論並不充分。然而，遊戲論者說對了一件事，他們注意到喜劇娛樂是一種常見的休閒活動，包括朋友和點頭之交之間的互動，以及專業人士更加制度化的「戲劇演出」。在我們的觀點中，這裡討論的「遊戲」是與認知的不一致性一起玩，我們的心理結構傾向哪，該不一致性就也在哪。因此，如果一般的遊戲具有練習技能的功能，而且該技能可運用在嚴肅的活動，還有可學習的榜樣；那麼，也許交換不一致性會提高我們以及我們的對話者的找錯能力，糾出策略法所驅動的思維處理程序中，容易出現的錯誤類型。

從認知淨化的觀點來看，喜劇娛樂與歡笑的聯繫尤其具有啟發意義。笑的時候，我們會把氣吐出體外，相對於敬畏，我們則是會深吸氣。另一種讓我們大口吐氣的情緒狀態是厭惡。當然，厭惡反應最初是用來把有害元素（如腐敗的肉類）排出體外，厭惡使我們乾嘔，會對我們自動識別為有毒的東西感到噁心，並傾向吐出這些東西（在極端情況下可能導致嘔吐）。同樣地，笑也是一種排出的

7. 編注：原文以「掉進陷阱」（pitfall）對比「被笑話打動」（fall for a joke），為讓譯文也能有其對比，將後者改為「陷入文字遊戲」。

反應，或許我們可將其比喻為一種姿態，要將認知錯誤給驅逐出去，或者至少是要拒絕將其吸收的姿態。如此一來，喜劇娛樂引起的歡笑是在提醒我們，策略法和預設的思維方式中存在認知錯誤；與此同時，我們的笑也是在向同類發出訊號，表達有些事情出錯了。

此外，如果說許多喜劇娛樂在存在主義的層次上，能為我們指出思維方式的局部缺陷，那喜劇娛樂也至少具有潛在的全球性的重要性，即為那些有反思能力、正學習著幽默的學生們，揭示人類思維的不堪一擊。在喜劇娛樂的概念中，我們不斷重新去學習，我們是多麼容易犯錯。與優越論的論述相反，喜劇娛樂不應成為人類傲慢的工具，而應該是謙遜的時刻——一個欣賞人類弱點的機會。

在本章中，我們探討了喜劇娛樂與情緒以及認知的關係；並辯證了喜劇娛樂作為一種情緒的論點。無疑地，一些讀者讀到這裡時會問：「誰在乎喜劇娛樂是否為一種情緒呢？這有什麼重要的？喜劇娛樂就是喜劇娛樂，為何要苦苦相逼地深究呢？」

我追究這個問題的原因之一，在於這個問題有很大的啟發價值。我們開始對情緒（以及情緒與認知的關係）有更多的了解，但喜劇娛樂仍然非常神祕。因此，以目前對情緒的意見為基礎，藉由去沉思喜劇娛樂的概念，我們得以把自己放在適當的位置，去組織該現象並解析喜劇娛樂的結構，而且還可以提出比理論先進更清晰的相關問題。

第三章

幽默與價值

幽默可以有很多功能，可以紓緩壓力、拉近跟陌生人之間的關係、緩解團體紛爭的緊張氣氛、展示聰明才智、譴責不公義以及施展吸引力等等。只要這些功能的效果好，幽默就會產生價值。顯然地，幽默和價值之間有太多關聯，很難在短短一個章節，甚至是一本薄薄的書就講完。

因此，接下來，我會把討論範圍縮小，收窄在幽默在社會生活所扮演的基本角色。我認為幽默提供了關於常規的社會訊息，支配著我們所身處的文化——也就是我們之所以為我們的文化。幽默以及其隨之而來的喜劇娛樂，提醒並強化了相關的社會規範。確實在某些情況下，幽默甚至有執行規範的功能，成為糾正的手段。當然，這不是在說幽默是社會訊息的原始或唯一來源，但它確實是一種特別有說服力的來源，因為它所展示的道理裹上了一層愉悅。

文化總在不停地自我增生複製的過程，複製其（從道德到禮儀）常規和價值觀。這目標之重要，以致文化總在透過各種管道，而且常是多餘的管道來達成目標，而幽默便是其中一個管道。不用多說也知道，幽默是讓人特別快樂的管道。

喜劇娛樂需以共同預設作背景，才能發揮作用。最首要的是，這些要是對於常規（智能、道德，甚至個人衛生）的共同預設。當我們一起笑時，實際上也在承認自己是某特定社群的一員，而該社群得以靠攏並一起歡笑，靠得就是幽默所預設的共同常規；事實上，當我們同聚享樂時，同時也在慶祝該社群的存在。在這脈絡下，我們此起彼落的歡笑聲是在跟彼此表達說，我們是因為這些共同預設而聚在一起。

簡言之，我們把遵守相關常規的人會被稱為「我者」（Us）[8]，而幽默涉及去建構（更確切來說，持續不停地去重構）並維持「我者」這個概念。不過，既然有「我者」，自然就有「他者」，也就是相對於「我者」的其他人。「我者」所參與的喜劇娛樂頌揚了某些常規，而這些「他者」（Them）即是偏離（或被

8. 編注：避免混淆用於敘事的「我們」（we），本文將 Us 翻譯為「我者」，Them 則因其對仗性譯作「他者」，但不必然為現象學中的「他者」（the others）。

指控偏離）「我者」之常規的人。

本章第一節會集中討論幽默在社群建構中的角色，社群建構意指從常規與偏離常規來整理「我者」和「他者」的相對關係。當然，被排拒為「他者」而淪為喜劇笑柄的人，並不會總是得到公平對待。確實在某些情況下，把特定人士和／或特定一群人（例如身心障礙者）當作喜感的對象或是滑稽的箭靶，有人會主張這是不道德的做法。因此，本章的最後一節將處理有關幽默的道德難題，並提出以下問題：

一、在什麼情況下，欣賞具針對性的幽默，特別是針對被壓迫的群體成員（例如涉及種族、性別、性向），即是道德上錯誤的行為？

二、欣賞這幽默是否等同道德上有瑕疵？

三、笑話、幽默言論和諷刺漫畫中出現道德缺陷時，會讓它們比較不有趣或是更有趣嗎？

在闡述這些問題的過程中，我們也會去思考，在判定幽默有趣與否時，是否可以不去考慮道德問題。

換句話說，下一節的重點放在幽默作為主流之正面社會（和道德）價值觀的來源；而第二節將檢視喜劇娛樂中的道德缺陷，進而針對幽默和貶低他人價值進行主題探討。

幽默與常規的再製

在上一章的最後，我們假設幽默的主要功能是讓我們注意到，那些日常生活中的策略法、思考模式和經驗法則可能會出錯。生活中同樣的困境會反覆發生，這些策略法提供了其解決方法的捷徑，策略法比理性思考的效率高，也因此特別的有效用，但也因為是捷徑，所以不見得值得信賴。明斯基把策略法傾向出現的異常稱為「認知錯誤」。而我們主張，幽默很大程度上是要讓我們意識到這些認知錯誤，以及要幫我們「除錯」。

回到第一章的例子：一位穿著百慕達褲的男人走進披薩餐廳，他身材臃腫，腰內肥肉都溢出褲腰了，他向服務生點了一份披薩，要求加上全部的配料。服務生問他，披薩是要切成四份還是八份，他說：「四份，因為我在減肥。」當然，這個笑話的梗在於，通常份數越少，食物的總量就應該越少，這經驗法則可套用在大多數的情況，但在這個情況下卻完全不適用。這笑話讓我們注意到這策略法中的「錯誤」，並以笑聲消除錯誤。以另一個比喻來說，這個例子中的幽默是認知衛生[9]，像莫里哀所言：「喜劇的責任是用娛樂來糾正人們的錯誤。」

虛構的幽默利用我們自己的思考方式，把自己困在荒謬裡，並藉此讓我們更警惕於認知程序的弱點。當我們聽懂笑話的笑點時，我們的思緒會迅速且不由自主地跟上說笑話者的意圖。雖然我們都說，我們有抓到笑點，但更準確來說，應該是笑點抓到了我們，它抓著我們——或者更貼切的是說，它誘使我們去用荒謬的思考方式，來解釋一樣弔詭的笑點。笑話啟動了持續且幾乎自發的心理過程，以達成上述的效果，但某種程度上，潛藏在該心理過程的（認知）縫隙，也被硬生生地敲開了。

前例中讓披薩顧客認知混亂的策略法涉及邏輯推理。透過討論中的策略法，這位奇趣的節食者打破了正確的、常見的思考方式。例子中的謬誤在於所處的情境中運用了錯的策略法。再者，虛構幽默通常就是如此，除了誤用邏輯外，也會誤用道德。

舉個例子：

有個四處推銷雜誌訂閱服務的業務員到達一間農舍。他推銷結束後，看見一頭裝著兩條木腿的豬，一瘸一瘸地走過客廳。業務員忍不住

9. 編注：認知衛生（cognitive hygiene）類比自個人衛生（personal hygiene）。

問：「為什麼這頭豬有兩條木腿？」

農舍大家長回答：「讓我告訴你這頭豬的故事，一、兩年前，我在東邊四十英畝外工作時，拖車翻覆了，我被壓得動彈不得，燃油滴在我的四周，車子快要爆炸了。但就是這頭豬，牠一路跑到市區，把警長和一群手下帶來這裡，把我救了出來。我跟你說，牠不是普通的豬。」

「了解。」業務員說：「但是牠為什麼有兩條木腿？」

「你聽著，這頭豬真是天賦異稟。有天晚上，當我們全都睡了，這房間的窗簾著火了，火勢蔓延整個房子。我們完全睡死了，但就是這頭豬，牠聞到濃煙後，一邊尖叫一邊在房子裡跑來跑去，把我們全都吵醒了，牠救了我們全家。這頭豬甚至跑回燃燒中的房子，把鮑比．喬從燃燒中的嬰兒床中拖出來。我的天，這真是獨一無二的豬。」

「是，是。」業務員繼續說：「但牠為什麼有兩條木腿？」

「就……」農夫回答：「這頭豬這麼特別，所以怎麼可以一次把牠吃完呢？」

我們來解析這則笑話，錯把對待珍稀食物（例如紅酒）的方式，套進了這頭「救命豬」的情境中，應要表達感恩才更恰當。披薩笑話打破了正確的邏輯思考，而奇異珍「豬」的笑話則違反了正確的道德思考。幽默揭示了人們的思考以及行為會如何失準，這不只牽涉到狹義上的認知常規，也關乎到生活各面向的常規。不管是笑話中的笑柄和／或說笑話的人和／或聽笑話的人（或三者的任何排列組合），幽默藉由接納他們的荒謬或錯誤，深刻地去展示我們所依賴的各式各樣思考和行為結構，會如何像反射動作般「花式」出錯。

顯然，要讓幽默爆發喜劇娛樂的效果，我們必須意識到某種謬誤已被接納，而先決條件是我們要具有某些標準，可以指出一些認知、道德或其他種類的混亂狀態之存在。更甚，我們與說笑話的人以及其他懂得欣賞的觀眾共享這些標準。當然，標準並不是只有一個，而是有很多個。幽默探索了各種常規的踰越，包括推理、道德、禮節，以及任何在我們理解範圍內，與心理和生理、思想和行為有關的合宜性準則。然而，為了要追蹤被踰越的常規（亦即不一致性），就必須先了解相關的常規。為了理解特定的幽默，聽眾與說笑話的人必須共享某種常規，至少在假想上是這樣。

每個虛構的幽默，都是以參與幽默的各方成員大量共享的資訊作為背景。這些背景資訊包羅幻象，從自然、社會的事實到民間傳說，包括都市（和鄉村）傳說到俚語等。甚至，這些背景知識也延伸到文類慣例的知識，就如在羅蘭・波蘭斯基（Roman Polanski）的《天師捉妖》（*Fearless Vampire Killers*）中，吸血鬼解釋說他不會害怕十字架，因為他是猶太人。然而，最重要的資訊還是感受到喜劇娛樂的各方成員，必須意識到常規正在被挑戰。

為了欣賞白痴笑話，講者和聽者必須共享一些智能上的常規，那就是白痴會去炫耀自己完全放棄思考這件事。為了欣賞小丑被椅子絆倒的明顯笨拙，我們隱晦地與其他的觀眾召喚了一種專注力和身體協調能力的標準，以此對比小丑的心不在焉和肢體不協調。

對我們來說，懦弱和魯莽都可以成為喜感的來源，因為兩者都偏離了勇氣的共享常規。許多幽默，包括跟廁所有關的幽默，都跟污穢有關，因為個人衛生的標準是社會中最深層、最常見的常規。這就是為什麼流浪漢裝扮曾是萬聖節最有趣的扮裝之一，也是為什麼小學生只要一談到排泄物，就會引來一陣哄堂大笑。

偽君子，包括莫里哀的《偽君子》（*Tartuffe*）的筆下角色，在眾多不同的劇院引起觀眾的笑聲，因為他們雙重挑戰了我們的標準之一，那就是誠實：偽君子不只說謊，還假裝他們厭惡別人說謊。對擁有共同禮儀規範的人來說，明顯的粗俗、糟糕的品味以及惡劣的習慣（包括口臭）都可以成為一種喜劇娛樂。貪婪和揮霍、懶惰蟲和工作狂都可以成為喜劇的主題，因這些主題皆超出了文化範疇（就亞里斯多德式的觀點而言），提倡適當節儉、適當盡責的中間狀態。性，尤其是婚姻中的性，非常有可能會引起共同笑聲，因為性本身就充滿行為上的規定，亟待被違反踰越。

即使宗教也可用來當作幽默的題材，原因單純是幽默為神祇、天使、神父、拉比、牧師、修女等，提供了不虔誠或不檢點的機會，違反我們對他們行為模式的期待。例如：

一個年輕的神父跑進修道院長辦公室，大叫「趕快過來，耶穌基督就在禮拜堂！」院長和其門徒趕到禮拜堂，看見主耶穌跪在聖壇前，雙手合十正在祈禱。年輕神父轉身問院長：「我們該做什麼？」對此，充滿智慧的老院長回答：「裝忙。」

乍聽起來，院長的回答讓人費解而且不太合理，聽者會期待這兩個神職人員走上前，並跪下敬拜他們的救世主。但他們很快就會意識到，院長把耶穌視為老闆，而不是救世主，而且是非常刻版、非常俗世的老闆，所以進行突擊檢查，監視員工有沒有偷懶。這位「充滿智慧的老院長」不只誤把所謂的「老闆模式」套用到當時的情境，他也做出了具不一致性的漠視宗教行為，推翻我們對神職人員行為舉止的期待。（附註：當前激進的無神論的其中一個缺點，就是我們即將失去大量的幽默素材。）

我們可以無限列舉類似在前三段列舉的例子，但不會改變已經證明的概念。喜劇娛樂取決於共享的常規，而相對於該常規，相關的不一致性也就成形。很多時候，這些共享的文化常規代表了正確的思考和行為的標準，或是美德的標準，對理解幽默箇中趣味的人來說，違反這些常規也會被視為一種惡行。因此，我們也可以大膽地說，對享受同樣幽默的人來說，他們很大程度地共享了美德和惡行、正確和錯誤的標準，也就是對人們思想和行為的合宜與不合宜，有著共同的判斷準則。反過來說，我們的笑聲也提醒了我們要共同遵守這些常規。

當然，幽默不是這些常規的根源，也不是常規最重要的傳播方式。父母、同儕、朋友、親戚、點頭之交、（除幽默外的）流行文化、宗教、廣告等等，都起著制定並維繫常規的作用。幽默大多時候只是鞏固我們對這些常規的需求（有時不僅於此），並去演示或也許優化相應的常規或相應的偏離常規之行為。

種種常規也被稱為「文化」，而我們所擁戴的各種常規，構成了我們所屬的文化或次文化。具有類似思想或感受的人被逗笑時，也是在確認、加強和慶祝彼此作為社群的一員，而又因我們具傳染力的笑聲，以及透過與其他人的笑意交流，我們對彼此共同常規（至少目前）的實質認定，該社群才會聚攏並形成。除此以外，當我們笑的時候，腦內啡會引起鴉片般的效應，催化了笑意喜感，還能促進社交上的凝聚力。

當我們使用幽默跟陌生人接觸時，不論多麼短暫，便能明顯覺察幽默具有建立和促進社群聯繫的效果。在超市大排長龍時，為了緩解壓力和表達友善，我們可能會向陌生人談起小報怪異的標題，例如：「麥可・傑克森死了三次！」同樣地，政客的演講常常以俏皮話開場，藉此說服選民，他們跟我們是一體的，像人們所說，我們是同一國的。

當然，以上提到的「社群」是流變的，通常只是暫時的。笑談某個麥可・傑克森的荒謬標題，並不是一段長久人際關係的基礎。這種笑話只提供了一種暫時的善意，為疲憊的顧客帶來一些慰藉，人們難以相信可以把這稱為「社群」。

確實是這樣，但幽默以小見大。當笑話、喜劇情節、機智語錄、俏皮話、諷刺漫畫等廣泛流傳，便會一再召喚相同的常規、標準和規則。沒有人會把在超市排隊一起竊笑的情境稱作「文化」，甚至「次文化」，但當笑話、情境喜劇、卡通、日常雙關和揶揄不停踰越相同的常規時，其累積作用遠大於單次的喜感。大眾的幽默暗示著一個更大型、更廣泛的文化，這裡的「大眾文化」不帶貶義，僅在形容數量上的概念。如果這種幽默一再重覆，而且受眾甚廣，我們似乎可以合理推斷該「社群」是合理的社群，也是一種完全成熟的「文化」和「次文化」。

由此，我們可以合理假設，幽默的其中一個主要作用是強化各種文化的構成組合。幽默透過引用特定群體中的常規，或群體形成前就有的常規，某種程度上，藉由對常規之不尊重所造成的荒謬，來重複驗證這些常規。透過守護相關的常規，幽默可以說是以該方式「在社會中取得一席之位」。當然，幽默不僅在抽象層面上檢驗了這些常規，也找出我們之中誰是白痴。幽默也具體地起著糾正作用，諷刺作品也揭示了當下社會的荒謬。

成功的幽默創造出各種歡笑的社群，呼應著因特定常規靠攏的社群。幽默可能沒有創造這些常規，但卻因為這些常規的存在而得以發揮。如此，幽默發揮了守護常規的作用，守護著促成文化的常規，那些由遵守常規的人所組成的「我者」文化。（就政治取向而言，這不代表幽默就必然保守，左翼也有其幽默。但各種形式的諷刺必然以正義、智能、正直等的常規作為前提，才能在懂得欣賞的觀眾中引起喜劇娛樂。）

或許，有些幽默是放諸四海皆有效，白痴笑話就是其中一種，因為沒有任何一個被白痴的滑稽舉動逗笑的人，會被「非白痴」的社群排除在外（而白痴本人是虛構的角色，他既不存在我們的圈子內，也沒有被排除出去）。

然而，很多幽默不是這樣。很常見的情況是，社群內的人會消遣社群外的人而發笑，社群外的人即開玩笑者共享常規之外的其他人，幽默則把這些人描繪為具有某種缺陷。當然，有時那些人活該被群體排除在外，就像電影《奇愛博士》（*Dr Strangelove*）中的冷戰時期的軍人。但同理，那些被我們當成笑柄的人，很多時候是遭到不合理或不公平的對待，例如涉及族裔或種族歧視、性別歧視或恐同的笑話。這普遍的現象讓幽默的道德問題浮上檯面，而我們即將進行探討。

幽默和道德

在第一章中，我們回顧了幽默理論，提及幽默跟倫理有各種關聯，部分情況讓道德家（moralist）感到困擾，道德說教者（moralizer）則不會有這問題。幽默通常帶有嘲笑和惡意、優越感、對弱者的輕視、對常規的踰越和刻意的冒犯；甚至可能預設了一種道德可議的心靈麻痺狀態——刻意屏除同理心和道德感的疑慮——至少在創造滑稽的虛構世界時是如此。我們從貪婪、腐敗、放蕩、殘酷、暴食、懶惰，也就是種種惡行中得到的快感，幽默都會一一演示。這些確實會讓道德家感到不安。

在歷史上，一直有抱持清教徒價值觀的人對幽默進行勸誡。近年來，針對幽默的倫理問題日見顯著，或許反映了更廣義的文化追求政治正確的浪潮。在一些圈子中，種族歧視、族裔歧視、性別歧視、年齡歧視、階級歧視、恐同和取笑身心障礙者的笑話，足以讓人丟工作。

然而，在道德家解釋什麼時候放肆幽默不可取之前，我們必須先面對懷疑論者的論述，他們認為，幽默永遠不會有道德問題，因為幽默能超越好壞。讓我們把他們稱為「無道德主義者」（amoralist）。

喜劇的無道德主義（Comic Amoralism）

面對當前的政治正確浪潮，其中一種回應是建議大家「放輕鬆」，因為幽默既不鼓吹道德，也不敗壞道德，而是根本「無道德」。可以說，幽默是一個道德無法插手的領域。不同文化都有特定幾天，傳統道德觀念和倫理會被擱置一旁，就像古羅馬的神農節（Saturnalia）。無道德主義者認為，像笑話的虛構幽默是種論述的類比類目，一個言語的狂歡節。

說笑的時候說的話就只是玩笑，不涉及嚴肅的道德問題。這就是為什麼我們的幽默冒犯到他人的道德感時，會自我辯護說「我只是在開玩笑」，實際上，這意思就是「我不負道德責任，我沒有在認真說話。」如果耍幽默的人有悖道德，那也只是為了要彰顯其不一致性，並不是在宣揚邪惡。對無道德主義者而言，把耍幽默認定為不道德的行為是一種範疇錯誤，幽默並不隸屬善與惡的分類範疇。

毫無疑問地，在某些情況下無道德主義有理。例如以下謎語：「一位律師的脖子以下被埋進沙子裡，猜一個情況。沙子太少。」這笑話不該被理解為在謀殺律師，而是在巧妙地諷刺律師這個群體，更何況律師在社會上不只不算劣勢，相反地，他們相當優越。

然而，當我們把嘲弄的對象從具權勢的群體，轉向弱勢或被壓迫的群體時，情況就沒有那麼簡單了。如下述的謎語，想像把「X」置換成某些公認被歧視的族裔或種族，會發生什麼事：「為什麼要禁止X在泰晤士河游泳？因為他們會在港口周圍留下一個『圈』[10]。」在這個例子中，你可能會開始擔心，這樣的幽默霸凌或貶低了特定群體，或至少對他們的困境不夠敏感，你可能會懷疑該謎語可能存在道德瑕疵，或把剛才所說的笑話笑柄，從律師換成某些弱勢群體，也有一樣的感覺。

律師富裕且強勢，而且可以為自己辯護，但種族歧視或族裔歧視者常拿來開玩笑的弱勢團體，他們脆弱、易受傷害，像剛才的幾個笑話，就可能助長對弱勢團體的迫害，不論原因是這些笑話強化了具貶義的刻版印象，從而限制了弱勢團體的發展，還是讓我們對這些刻版印象變得毫不在意，從而變成壓迫者的共謀。

針對這些顧慮，無道德主義者也早有準備。無道德主義者會說，許多被族裔或種族歧視者拿來開玩笑的群體，自己也會用同樣的滑稽刻版印象來幽自己一默。例如，愛爾蘭人會拿他們飲酒過量來開玩笑，本書第一章開頭的笑話可能就是愛爾蘭人說的（這也是事實，我的確有愛爾蘭血統。）猶太人笑話都在強調他們有多狡猾，尤其是在錢的方面，非裔美國人笑話則常涉及過度縱慾的主題。

檢視其他的群體也可以看到這樣的例子。美國喜劇演員傑夫·福克斯沃西（Jeff Foxworthy）有許多段子在談論怎樣會被看成貧窮、白人、宗族極度緊密的南方鄉巴佬。例如，他說：「如果你再婚三次，但岳父母還是同一組人的話，你可能就是個南方鄉巴佬。」北方人談起白人垃圾（white trash）時，的確會說出這樣的話，但連真正的南方鄉巴佬也會對彼此之間開這種玩笑。

無道德主義者認為，既然被貶抑的弱勢族群和族群之外的人，都會使用同一個刻版印象，那族裔和種族歧視的幽默就不構成前述之壓迫疑慮。如果這些刻版印象會對這些團體有這麼多潛在傷害，為什麼他們聽到或看到這些刻板印象的笑話時，還要這麼開心呢？

10. 譯注：「圈」（ring）與游泳圈的「圈」雙關，暗示一圈髒污痕跡。

有一種觀點則認為，這種刻版印象的幽默只會被自我厭棄的種族或族裔成員所採用，但這就暗示了這些團體存在著大規模的自我厭棄現象，該推論相當奇怪，因為這在他們共同生活的其他面向中並不明顯。

也有人將此假設為階級問題：部落中較富裕的成員運用這些刻版印象，來針對比他們不幸的弟兄。然而，比起「蕾絲窗簾的愛爾蘭人」，「棚屋的愛爾蘭人」更喜歡開愛爾蘭人愛喝酒的笑話。就此無道德主義者的解釋，沒有人認為幽默跟道德有關。

但對我來說該推論太草率了。無道德主義者遺漏了一個重點，一個猶太人或許可以接受另一個猶太人用愛賺錢的拉比來開玩笑，但如果對方不是猶太人，而且帶著明顯惡意講述同一個笑話，他就不會接受。講笑話的人是誰以及出自什麼意圖很重要，當幽默的目的是增進團體向心力時，例如愛爾蘭人彼此之間以杯中物作為笑話時，這為他們所接受，但同樣的笑話若是由圈外人講出，而且目的還是要侮辱、貶低或羞辱愛爾蘭人，他們就會認為該笑話帶刺。

這駁斥了無道德主義者認為幽默無關乎道德的聲稱，相反地，它證明了在評斷幽默時，在講笑話的人是誰、在什麼脈絡之下以及帶著什麼意圖也很重要。

例如，對於現在討論的這種幽默，尤其是笑話和滑稽的刻版印象，大多數都是有其公式。現在，讓我們把人們使用的這些幽默公式，比如說這種笑話的講述背景，稱之為笑話印記（joke tokens），或更廣泛來說是幽默印記（humour tokens）。技術上來說，前述的鄉巴佬笑話：「如果你再婚三次，但岳父母還是同一組人的話，你可能就是個南方鄉巴佬。」每一次講述或每一次重覆該笑話，都會產生一個該幽默類型的幽默印記。再者，如果我們對脈絡和意圖的觀察正確，我認為應是笑話印記或幽默印記才具有道德或不道德的問題，既然意圖造成傷害的是幽默印記。如同傑夫．福克斯沃西的南方鄉巴佬笑話，幽默類型可在印記實施的過程（tokening）中被翻轉，因此印記的實施過程才會出現惡意是否的考量，而且由於是印記的實施過程才會承載傷害，根據傷害原則，應該是印記的實施過程的道德或不道德。

談論幽默類型和印記並不奇怪。當我問你們，有沒有聽過「兩條木腿的豬」的笑話時，我是在問你們，是否希望我給出這個類型的幽默印記。此外，幽默印記不只決定了幽默道德或不道德須看其情境和意圖，它也決定了幽默好不好笑，就如有些笑話由某些人說出來行得通，但在其他場合由其他人講出來卻一點都不好笑。

在絕大多數情況下，笑話書或網路上的俏皮話——笑話類型——都是祕訣、腳本或概略指引，供人們拿去表演。這就是為什麼通常在紙上（或在螢幕）讀到笑話時，會顯得這麼無聊，表演者的演出才是喜劇娛樂成立與否的關鍵。（實際上，如果你對書頁上的笑話類型發笑，無疑是因為你在心中把這些笑話類型表演出來，不論是以你自己的「聲音」或是你欣賞的喜劇演員的聲音。）幽默類型能否被有效套用取決於印記的執行，而這涉及到喜劇演員的表演，包括語調和手勢（還有眨眼），以及喜劇表演的脈絡，例如演員身份以及他的立場態度（從而判斷有無隱含諷刺）。因此，幽默印記不只涉及道德問題，還關係到幽默印記是否能引起笑意，進而判斷它是否具有喜劇娛樂性。

而且，類型無法提供前因後果，對笑話類型或更泛義來說幽默類型來說，真正帶來喜劇娛樂的其實是印記的執行。

把幽默類型和幽默印記區分開來後，我們可以說無道德主義者所言正確，幽默類型無法在道德上被評斷為可接受或邪惡，因為幽默或笑話類型都可以被發展出不同的動機。要評斷其道德性，真正適切的方式是去指出其特定的幽默印記，明示其明確脈絡下的明確意圖，因為是這樣的行為才有潛在傷害，因此就該開放接受道德的檢驗。

幽默類型為道德中立，可被套用並理解為具良善或邪惡目的（或完全跟倫理無關的目的）。但當幽默類型被引入不道德的目的，例如帶著傷害的意圖去動用幽默時，其印記就會被指為邪惡。當一個人說出帶有貶義的族裔刻版印象，就是要羞辱在場無辜的人們，有誰可以否認這人不道德？

除此以外，當一個人講出反猶太人的笑話，然後辯稱自己只是開玩笑，我們不用接受他的表面之辭，反而要更加質疑他在掩蓋真正的意圖。有時聲稱自己只是在開玩笑，並不代表他不認真，而是意味著他正在掩飾。

但是，如果無道德主義搞錯了，而且也可合理地說，至少有些幽默印記為不道德，那麼呈現這些幽默印記的人也就確實做了邪惡的行為。但那些欣賞這個印記的人呢？一位沙文主義的男性講了惡劣的性別歧視笑話，有笑就代表很邪惡？如果幽默的前提是共享的常規，對有惡意的笑話有喜感反應，是否說明了我們跟說笑的人一樣墮落？有些道德家確實這麼認為，對這些幽默發笑必然顯露了某種敗壞的道德品格。

缺德的笑聲：邪惡的特性

部分幽默帶有惡意，致力於侮辱其箭靶。許多幽默的表現形式——包括種族主義、性別歧視和恐同的笑話印記——在消遣被壓抑的刻板印象，澈底強化這些刻板印象，或者至少讓人對這些刻板印象的散布感到冷漠或麻木，從而助長理所當然的傷害和冒犯性誹謗，刀刀砍向受詆毀的群體。

以傷害為目的來講此類笑話是不道德的行為，但是有人認為，用笑聲回應此類笑話也算同謀，在某種程度上也犯了侵害的行為。因為有人可能會主張說，這種笑聲意味支持其笑話印記所認可的信念和／或態度——比如，認定某些種族或族裔群體極其愚蠢、淫蕩和／或骯髒。

根據文獻討論，讓我們將這種觀點稱為「態度認可論」（attitude endorsement theory）。正如其標題所暗示，該理論指出，如果被不道德的笑話逗樂了，尤其是關於政治正確性辯論中的笑話，就表示認可笑話中預設的性別歧視、種族主義、恐同、階級歧視、反猶太主義（等等）之態度，這些笑話針對女性、非裔美國人、工人、同性戀者、猶太人等，都帶有惡意元素。態度認可論者將此類笑話中的純粹惡意元素與機智區分開來，機智涉及的是簡單的認知遊戲，例如不一致性，他們也認為笑聲，甚至只是假笑，表明你與講笑話的人分享了這種不公義的惡意。

態度認可論者指出，所有的笑話都有附加條件，聽眾需要自己提供背景預設——以便識別受到抨擊的常規，聽眾也需要了解笑話或卡通所預設的情緒和態度，該笑話才成立。因此，當一個笑話為了成功而假定惡意和不道德的態度，還把我們逗笑的時候，態度認可理論家會認為，這表示我們在道德上也有缺陷，因為我們參與了笑話中展示的惡毒態度。

以下範例常被拿來討論，可被認定是態度認可論的例證：「M（一位著名的女名人，盛傳她的性生活過度活躍）去拜訪一支曲棍球隊。當她再出現時，她抱怨說被輪姦了。敘述者對此回應：『想得美』。」

這所謂的笑話想來建立於一系列性別歧視的預設，包括：（一）強姦只是合意性交的一種變體形式；（二）許多女性的性慾皆是來者不拒；（三）有很多性行為的女人令人感到反感。態度認可論的最極端版本認為，為了要被這個笑話逗樂，聽者必須了解所有或大部分上述對女性的歧視態度，而且，如果聽者笑了（或只是竊笑），這表明聽者也有這些態度——說得直白一點，那聽者就是性別歧視者。

顯然地，性別歧視者能夠對此笑話類型的實施印記，來鞏固與其他性別歧視者的友誼。但問題是，被該笑話逗笑的人是否為性別歧視者，是否為性別歧視者同樂會的一員，即使他本人抗議並未意識到該這層深意，如果有人向他暗示，他也會大聲否認。一位火力十足的態度認可論者會說「是」，因為他認為，要接受這個笑話，所需的不是假設態度：聽眾會笑，就是因為觀念和態度與說笑話的人相合。

這種所謂的機智論述已經成為諸多討論的焦點，這是件很不幸的事情，因為這相當無趣。也許態度認可論者之所以選擇該論述，理由在於你若對如此無趣的事情發笑，唯一的解釋是你對笑話中被冒犯的女士（以及延伸至廣大女性）懷有惡意。但是，如果前提是——既然你會笑一些那麼沒樂趣的東西——這論點的建構就不怎麼好。也就是說，既然論點是，如果你被辱罵給逗樂了，就表示你的性格有問題，那這個笑話就是個有缺陷的例子，因為它沒樂趣。

此外，關於這個例子，為什麼我們應該把對一個女人的不尊重，概括為對所有女人的不尊重，態度認可論者並無直接說明。事實上，選擇一種侮辱作為典範，就要從中推斷出一種理論，涵蓋所有引起不道德的幽默，就像是手持天平在評斷，因為公然侮辱某人是如此明顯地道德冒犯。

態度認可論的這一特定論點的主要問題，可能在於其假定該笑話只有一種解釋，就是性別歧視的論調，意即假設強姦只是合意性交的一種變體，沒有附加的道德恥辱。但當我第一次聽到這個笑話時，我並沒有這樣去詮釋，我以為那是關於表裡不一的笑話。

M據說是著名的女唐璜，因此，當我第一次聽到這個笑話時，我以為這是在暗示她與曲棍球隊確實發生了合意性行為，但後來被發現時，試圖透過說自己被輪姦來掩蓋這一點——持懷疑態度的笑話敘述者回答：「想得美，妳以為我們會相信妳嗎？」我想，這種幽默類似於揭開偽君子的面具，解釋了為什麼主角因其性慾，而被認定為值得注意的人。

（此外，態度認可論者的解釋似乎並不完全連貫。如果M被強姦了，並且這個笑話假設強姦只是性交的一種變體，那她還想要得到什麼？也就是說，笑梗「想得美」的重要性是什麼？）

毫無疑問地，這個笑話太弱了（在很大程度上，弱點與難以抓住要點有關），這對較極端的態度認可論沒有幫助。當然，這可能會促使人們採用較不極端的態度認可論。根據較溫和的觀點，如果這個笑話基本上並不好笑，但你仍然笑了，那一定是因為你對笑話中的笑柄持惡意態度。也許大多數時候的確如此，但這是一個被淡化的立場。我懷疑這還算不算是關於幽默的假說，因為它似乎等於是在聲稱，如果這個笑話不好笑，那麼我們的笑聲一定有其他意圖。也許這例子是勝利的笑聲，但是勝利的笑聲與滑稽的笑聲截然不同。因此，溫和版本的態度認可論似乎與幽默無關。

也許對這個笑話的正確解釋爭論不休沒有多大意義，但這裡有一個理論重點。許多笑話都支持多種解釋，其中一些可能會引人發笑，但這並不是在說笑話是完全開放的文本，解讀通常落在限定的範圍內。然而，一個笑話可能有不止一種合理的解讀，每一種解釋都可能引人發笑。在前例中，嘲笑的對象可能是態度認可論者所說的女性性慾，也可能是我認為的虛偽。

但是，如果對該笑話的非性別歧視的解讀把人逗笑，那麼態度認可理論者就不能隨意地推斷，任何對該笑話發笑的人，具有性別歧視性格的道德缺陷。態度認可論者忽略了這種可能性，相同的笑話在他的解讀具性別歧視意涵，但在其他人非性別歧視的解釋下，就可能很好笑。因此，他提出的推理模式並不恰當。

當然，通常很難準確地指出，究竟是什麼在幽默的對話中引人發笑，可能是笑話的命題內容，也可能只是說笑話的人在傳遞故事時發出的搞怪聲音。這提供了進一步的理由來警惕自己，切勿以某人的喜感來判斷他是否有某個根深柢固的觀念，例如，前述被指為性別歧視的笑話。

如前所述，態度認可論者將針對某個特定女性的侮辱，確信為對所有女性的指摘，其中連結仍不得而知；以單一侮辱作為所有幽默的範例，也多少帶有偏見。但這些可能是該特定笑話特有的問題。

因此，讓我們來看一個明確的性別歧視笑話，這才是態度認可論者所渴望見到的笑話——一個古老的「花花公子」定義：強姦是一種使用「友善」兵器的攻擊。這笑聲是否揭露了根深蒂固的性別歧視性格？許多人會否認這一點，認為他們笑的是具不一致性的文字機智（攻擊和致命武器與友善湊在一起）。誠然，讀者在某種意義上必定明白這胡言底下的性別歧視態度，但問題在於他們是否必須肯定或認可該笑話。他們可能會嘲笑會說這種笑話的人——畢竟，他們認為這既愚蠢又荒謬，更是個假定義。

即使上個段落的解讀對當下討論的問題而言過於古怪，但對於被逗樂的聽眾來說卻有道理：我只是在笑文字遊戲，我只是覺得「強姦並非嚴重的身體攻擊」的說法很好笑，這都只是為了要懂那機智的笑點，我的笑聲並不意味著我認可在此討論的謬誤觀點，正如我對死亡的瘋狂定義發笑，不表示我真的認為死亡在道德上不是一件嚴肅的事件。

當然，人們可以為了喜劇娛樂而接受一些實際上會迴避的想法。例如，無神論者可以欣賞《紐約客》（*New Yorker*）裡有關天堂的諷刺漫畫或加里・拉爾森（Gary Larson）的《遙遠的地獄》（*Far Side*）有關地獄的漫畫，儘管他們根本不相信兩者存在。再次以西德尼話來說，因為我們可以說，他們的笑聲沒有證實任何東西。同樣地，每個熟知相關常規的成年人仍可以享受關於聖誕老人、聖誕老婆婆、他們的小精靈和他們從天而降的紅鼻子馴鹿的笑話，但同時不相信他們實際存在，也沒有支持或反對他們的態度。

較極端的態度認可論支持者否認這種可能性，堅信至少在明顯純粹惡意的幽默中，其揭示的立場不會僅僅是假設，但態度認可論者並沒有真正為該結論提供論據，而且，從表面上看，它似乎有些反直覺。

在笑話中，我們欣賞或想像各種不信以為真的可能性：讓願望成真的精靈、來世的存在、會說話的花生、死亡可以智取。那麼，我們為什麼不可能暫時不一致地想像強姦只是性交呢？確實，可能正是這種想法的不一致性引起了娛樂，儘管以這種方式被娛樂的前提是我們不相信它（即發現它不一致），而不是去證實它。這種娛樂可能涉及幽默中常見的短暫心理麻痺，但出於同樣的原因，它不需要揭示一個人的真實態度，就像暫時的去笑愛爾蘭人誇張的飲酒習慣，或者笑蘇格蘭人或威爾士人的吝嗇，也不必然會表現出對真正的愛爾蘭人或蘇格蘭人或威爾士人有惡意的態度。

我猜想，態度認可論者的回答是：對於極度惡毒的幽默，必要的態度不僅是信念的秩序，還要取決於情緒，因此，必要的態度不能只是被娛樂，而是要深深地沉溺在一個人的存在。然而，這似乎沒有根據。金髮女郎傻白甜的笑話看似預設了聽者對金髮女性及其智力的某些負面態度。然而，我認識許多金髮女郎，她們的智慧令我欽佩，但我可以被這種笑話逗樂，這些金髮女郎也會被逗樂，甚至通常是她們告訴我這些笑話。確實有許多女性將頭髮染成金色——這並不是不尊重的表現——但也喜歡關於金髮女郎的笑話。

態度認可論者似乎對以下事實不敏感，尤其是在笑話：我們正在處理一種虛構的文類，其中金髮女郎是想像的存在和虛構的慣例。當然，我們有可能對虛構的存在產生情緒，但我們不會用相同的方式，對待在現實生活中與它們對應的人事物。在虛構的脈絡中，我為想像中的老槍手歡呼，但如果我在街上遇到他，我可能會立刻溜走，然後報警。

我對虛構故事的反應不必被視為真實態度的指標。我將金髮女郎笑話中的金髮女郎視為一種虛構的約定俗成，我為這種約定俗成的巧妙操縱感到愉悅。

就算是在消遣了特定群體的情況之下，人們的確有可能被族裔笑話逗樂，而且無需對該群體有任何看法或態度。在我知道紐芬蘭人是什麼之前，我就被一個有關紐芬蘭人的笑話給逗笑了（你怎麼知道有個紐芬蘭人用過你的電腦？因為屏幕上有白點。）即使是現在，我也對來自紐芬蘭的人沒有敵意，紐芬蘭笑話只是地理化的白痴笑話。同樣，為了避免被叫到院長辦公室，我經常重講火星笑話，這些笑話最初是關於波蘭人的笑話，但學生們仍然會笑（儘管他們可能是擔心不笑的話，成績會受到影響）。

許多讓態度認可論者擔心的刻板印象，只不過是過火了點的文學慣例。金髮女郎笑話中的金髮女郎是樣板角色，紐芬蘭人笑話中的紐芬蘭人和白痴笑話中的白痴也是。或許有些人是懷著仇恨去套用這些刻板印象，但很難想像這些人可能是誰。誰打算去傷害白痴？也許你會說，當刻板印象涉及當前受壓迫的群體時，就更容易識別這些人。說得好，但即使就目前受壓迫的群體而言，一些承認刻板印象明顯不準確的人，仍然會被其操作給逗樂——可能是在文字遊戲方面。雖然不相信，但他們能夠假設性地去想像，就像無神論者在看關於魔鬼的漫畫時，能夠接受地獄約定俗成的存在。

態度認可論者忽視了想像和虛構在笑話中所扮演的角色，因為這不符合他們所假設之惡毒的幽默。儘管這種幽默可成為惡意態度的載體——並且正因為如此，在道德上是可鄙的——但這些案例並不支持這樣的概括，即對主要是政治不正確的幽默所引起的歡笑，總是不可避免地揭示出邪惡的態度。因為歡笑可能是出現在笑話中任何機智的梗上，而要明白這些機智的梗所需要的情緒和假設，都可能只是想像的愉悅以及針對虛構的人物的假設。

此外，笑話，甚至表面上是種族主義的笑話，往往比態度認可論者承認的要復雜得多。例如，有一盞神燈同時擁有多位主人，一位非裔美國人、一位猶太人和一位鄉巴佬，他給了每個人一個願望。非裔美國人希望他的人民返回非洲；猶太人要求他的人民返回以色列；當鄉巴佬意識到黑人和猶太人都離開了美國，他只要求了一罐百威啤酒。

這個笑話若是由種族主義者講給種族主義者聽，可能會頌揚共同仇恨；一個自由主義者告訴另一個自由主義者，它仍然會引人發笑，儘管這次可能是在消遣鄉巴老和他非常有限、偏執和扭曲的欲望經濟。說笑話的當下脈絡以及敘述者和聽眾對其的詮釋和目的，對於評斷笑話整體的道德與否至關重要。態度認可論者太快就假設，明顯政治上不正確的笑話總是具有不變的含義，並且總是會引起真正的惡意回應，但這不必如此。

毫無疑問地，態度認可論者說對了這點：當一個笑話用來引發一個社群對無辜者的真實惡意，該笑話即是邪惡；但他完全錯誤地假設，每次有人說出強烈且明顯政治不正確的笑話，都是為了這個目的。通常人們不會講白痴笑話來喚起或加強對認知障礙者的仇恨，事實上，我從來沒有聽說有人是為此講這種笑話。相反地，這些笑話中的常規和刻板印象，包括那些很符合刻板印象的態度，旨在激發不一致性，而聽者是用想像力去欣賞，而不是去接受這些觀念。

許多幽默都有逾越的特質。最近的許多喜劇尤其如此，例如弗蘭基・博伊爾

（Frankie Boyle）的喜劇，似乎一心要嘲弄政治正確的概念。但美國電視節目的越界行為，如《辛普森家庭》（*The Simpsons*）、《南方公園》（*South Park*）、《男人秀》（*The Man Show*）、《惡搞之家》（*Family Guy*），以及已故伯尼・麥克（Bernie Mac）在電影《原創喜劇之王》（*The Original Kings of Comedy*）中對兒童的咄咄逼人的咆哮，具有雙重優勢。不僅「被禁止的」思想和情緒被電視播出，從而展示具不一致性的不當行為而產生了喜劇娛樂，而且，與此同時，具有諷刺意味的是，這些愉悅行為背後的態度可能會被嘲諷。

在美國情景喜劇《已婚有子》（*Married with Children*）中，艾爾・邦迪（Al Bundy）的厭女揶揄則是透過蔑視道德規則而引人發笑，但這角色也自我解嘲，他的態度與荷馬・辛普森的態度一樣，被證明幾乎像原始人般極端保守。因此，對這種攻擊性幽默的回應，不需要認可對幽默中表現出的態度，但可能表示我們對他們有優越感。而且，即使在某些情況下，我們會笑是因為在自己身上認出了荷馬・辛普森或艾爾・邦迪的影子，我們的笑也可能不具有肯定態度，因為實際上，我們也在知道自己是反射性地在笑自己，從這個意義上說，幾乎沒有贊同這裡所討論之潛在傷害的仇恨態度。

同樣地，美國卡通片《南方公園》中對加拿大人的離譜言論，其實是對美國人盲目愛國的諷刺。由於表面上政治不正確的貶低性幽默，可以有如此複雜的含義（包括諷刺性含義），因此，對於相關類型的輕蔑幽默所引發的反應之意涵，態度認可論者充滿自信的結論，顯得過於輕率。

另一方面，正如我們所承認，有些幽默並不道德，這意味著它的邪惡，但這邪惡就不那麼好笑嗎？根據所謂的倫理學觀點，確實如此。至少在道德上存在缺陷的情況下，這種幽默並不那麼有趣。我們接下來會繼續討論這點。

喜劇倫理學（Comic Ethicism）

喜劇倫理學提供另一個角度，嘗試探索不道德與幽默相關性。大多數人會同意，例如，不道德的笑話——這些玩笑不應該被執行，也不應該被鼓勵。確實，人們可以設想一種極端形式的道德主義，甚至聲稱這樣的玩笑並不幽默——這種幽默的企圖甚至一點都不好笑。也就是說，這樣的玩笑不僅邪惡：也不具有喜劇娛樂的效果。與這種極端的道德主義所形成的對比，會最好理解喜劇倫理主義。

對於倫理學家來說，不道德並不完全排除笑話的幽默性，然而，不道德總是不利於它的幽默性。包含不道德元素的笑話語言，也可能包含形式上的機智和巧妙元素，而在對其幽默進行綜合評斷時，後者可能會抵消其不道德元素。但是，即使機智和巧妙的元素更重要，作為笑話，不道德的元素總是笑話語言（或幽默）的不良特徵，而不僅僅是在其道德方面。根據倫理學家的說法，如果帶有不道德元素的笑話總體上仍算幽默，那是因為該笑話包含其他相關特性，足以抵消其道德缺陷。當然，在某些情況下，不道德的元素也可能會蓋過任何巧妙的特性；在這種情況下，從各方面考慮，講這個笑話就並不好笑。

倫理學家透過所謂的價值反應論證（merited response argument），來辯護其觀點。當我們判斷一個笑話很幽默時，我們並不是因為它實際上引起了一定數量的人發笑，也就是說，幽默感不僅僅是一個統計或描述性的概念。即便在場的其他人可能會對此大笑，但我們可能仍會判斷該笑話並不好笑。我們在此的判斷具有其標準：這個笑話是否值得正面回應？也就是說，我們的笑聲是否合宜？笑話值得我們發笑嗎？這笑話值得我們去感到娛樂嗎？

喜劇娛樂是對笑話的許多方面之複雜反應——不僅是對其巧妙之處的回應，還有對笑話的話語所引發的影響之回應。這些元素可以分開看待，笑話可因其文字遊戲值得正面回應，但它所引起的影響可能並不恰當——例如，因為它是令人反感的不道德行為。如果笑話的負面回應比巧妙之處更有力，那麼，綜合考量下，我們對笑話的正面反應就不具價值（笑話的表達總體而言並不好笑）。另一方面，如果其巧妙之處更有說服力，那麼該笑話就可以被稱為幽默，綜合考量之下——還是有趣的——儘管就不道德的角度來說，仍然是有缺陷或有瑕疵的笑話。

與極端道德主義不同，倫理主義可以承認一些帶有不道德成分的笑話仍很有趣，因此，倫理主義訴諸於我們對此事的一般直覺。但是，在將上述元素視為不適當的特質時，倫理主義也可能會轉而認為，有些講笑話的方式如此澈底和令人厭惡的邪惡，以至於這些笑話根本就不是真正的好笑。

倫理主義的說服力取決於價值反應論證。該論點的前提是，為了使喜劇娛樂的反應有價值，它必須恰當合宜。但是，如果喜劇娛樂的對象存在道德缺陷，那麼其反應就不具價值。然而，倫理主義的批評者不認同這種喜劇娛樂的概念之正當性。

因為這概念顯然與我們對喜劇娛樂的一般概念不同，粗略地說，喜劇娛樂似乎被認為是享受某些不一致性的概念（包括道德的不一致性），但倫理學家還要求幽默必須在道德上無缺陷，作為逗樂反應的恰當性標準。然而，一個恰當的好笑反應——發現一些東西很有趣——在日常用語中並不需要其合乎道德上的適當性。正如所見，我們有可能會發現一些滑稽有趣的東西，但同時承認其道德上的不恰當，或者，至少這是我們通常思考喜劇娛樂的方式。倫理主義似乎具有修正主義的特質，倫理學家似乎在把額外的考量引入喜劇娛樂的概念中，並將這修正版的喜劇娛樂視為廣為認同的概念，甚至是顯而易見的概念。這樣一來，倫理學家就會面臨模棱兩可的指控了。

倫理學家可能會直接攤牌作為回應，直截了當地說，我們所討論的不是一般的喜劇娛樂概念，而是被逗樂的反應要恰當的話，必須也符合道德標準。但這似乎把假設當作論點，因為道德適當性似乎已成為喜劇娛樂的標準；然而，這才是倫理學家應該去辯證並得出的結論，不應該從一開始就做此假設。例如，一個笑話是否值得喜劇娛樂，參考以上原型案例而言，可以說是取決於該笑話是否透過表現出某些不一致性而產生樂趣——當然，這可能包括道德上的不一致。

要證明道德違規不利於將笑話歸類為有趣，需要對該結果進行論證，而倫理學家沒有提供這樣的論據，只是把應當論證得出的結論作為前提——（或者懷疑論者會這樣去指責）將喜劇娛樂適當性的評斷，與對笑話的反應是否恰當之標準混為一談，總體而言的回應，當然，將包括對道德公正性的考慮。

如果倫理學家想說服那些持懷疑態度的人說，為了搞笑，笑話不能具明顯的不道德元素，那麼倫理學家需要與懷疑者在共同的前提下討論。懷疑論者會否認以下觀點：笑話所引起的喜劇娛樂之回應若要有價值，該笑話就必須在道德上無懈可擊；懷疑論者可能會說，喜劇娛樂為無道德概念。但無論如何，舉證的責任是在倫理學家身上，因此，懷疑論者會拒絕這樣的假設，即喜劇娛樂的恰當反應必須考慮笑話的道德優點或缺點。在懷疑論者看來，將喜劇娛樂反應的價值與其道德優點混為一談，無異於模棱兩可。

也許倫理學家會傾向將道德適當性作為真正喜劇娛樂的條件，與其觀點有關。理論學家認為，即使所有人都覺得這個笑話好笑，還是可以說這個笑話不好笑，因為在理論學家眼裡，趣味是一種常規性判斷，而不是描述性陳述。此外，倫理學家可能會問：在這種情況下，除了考慮道德因素，還有什麼其他意義？

但是，如果幾乎每個人都被逗樂了，那麼說某件事並不真正有趣，真有其道理嗎？也許喜劇娛樂只是一個描述性概念，而不是一個常規性概念。

當然，有時對他人似乎都覺得好笑的事情，我們確實會說「這不好笑」——也許是在涉及性別歧視的情況下。然而，在這些情況下，我們可能只是在表達道德上的不認同，從而試圖抑制自己和其他人的反應。然而，這並不能證明所討論的幽默對其他人來說不具有喜劇娛樂，甚至，如果我們夠誠實的話，對我們來說也是如此。當幼兒園老師告訴課堂上的搗蛋鬼「這不好笑」時，她的意思是這是不恰當的課堂行為。在我的記憶中，搗蛋鬼通常非常好笑。

也許當一個人面對笑聲卻說出「這不好笑」時，他真正在說的是其他人不應該覺得它好笑，儘管我們並不清楚，為什麼在所有情況下其他人都不應覺得它好笑，如上一節中討論過，畢竟，我們不必同意其中的道德不一致，而只需想像一下。

喜劇不道德主義（Comic Immoralism）

根據倫理學，一個有道德缺陷的幽默案例通常被認定為無趣，至少在道德層面不有趣，因為他們認定幽默是一個常規性概念，而不是描述性概念——也就是說，有些事情可能是無趣的，即使幾乎每個人都覺得好笑。然而，這是有點奇怪的常規性概念，因為它似乎只從一個方向上去判斷是否有趣。如果幽默在道德上有缺陷，它會被評斷為喜感上有缺陷，但如果它在道德上鼓舞人心，則又不會因此被認為更有趣。這是否意味著，根據價值反應論證的論點，如果道德感越低，笑話就越不有趣，反之，道德感越高，笑話就喜劇娛樂性而言，就應該越有價值？不幸的是，倫理學家從未解釋其論述的不對稱性，幽默應同時具有撒旦和天使潛能，儘管這點確實值得討論。事實上，這種不對稱性可能暗示道德與有趣無關。

然而，正如我們所見，對倫理主義的更深層次的指責是，懷疑論者聲稱倫理學家把結論當前提，將道德適當性作為喜劇適當性的必要條件。這些懷疑論者中，最重要的是喜劇不道德主義者，他們認為道德缺陷可能不會減損幽默的象徵趣味性，而是可以增強其喜劇效果。

喜劇不道德主義具有很大的直覺性，尤其是對於被喜劇娛樂的不一致論者所吸引的人。因為，根據喜劇不道德主義的觀點，喜劇娛樂是由某種可感知的不一致所引起，顯然，違反道德常規的行為也屬於這一類。

例如：

在一個遠離地球、有人類居住的星球上，有專賣人肉的肉舖。當來自地球的太空人到達時，他們發現陳列櫃裡的托盤上，擺了各種人類的大腦。數學家的大腦每磅值一盎司黃金；物理學家的大腦也是每磅一盎司黃金，但是哲學家的大腦——每磅值十磅黃金。當被問及價格差異背後的原因時，外星屠夫解釋說：「你知道為了收集一磅大腦要殺死多少哲學家嗎？」

顯然，喜劇不道德主義者聲稱，該笑話非常具有不一致性，將同類相食視為一種道德上可接受的行為，這增強了該笑話的喜劇衝擊力。

不道德主義也許至少有兩種不同的強度——強烈的、高辛烷值的、全咖啡因的和未經過濾的喜劇不道德主義；和適度的、不含鉛的、不含咖啡因的不道德主義。強烈的喜劇不道德主義認為，道德逾越總是會增加幽默象徵的喜劇性。適度的喜劇不道德主義只聲稱，僭越倫理的行為有時會提升它們所包含的嬉鬧喜劇潛力。

強烈的喜劇不道德主義似乎太強烈了，沒有人站在撒旦這邊。即使是優越論者似乎也不會支持所有的幽默都會因不道德而更好笑，只是因為優越論者會認定的一些笑話可能會表揚美德優於惡。想一想莫里哀的話：「喜劇的職責是通過娛樂來糾正人們。」因此，如果有任何類型的喜劇不道德主義對大家胃口，那就是適度的喜劇不道德主義。

溫和的喜劇不道德主義聲稱，有時笑話中的不道德會使其更有趣，例如前述關於哲學家大腦的笑話。為什麼會這樣想？也許溫和的不道德主義者認為這是相當顯而易見，因為如果你刪去笑話中的不道德元素，它就不會那麼好笑了。當然，關於前述的笑話，如果去掉同類相食，那也不是笑話了，事實上，它甚至不會是一個故事，當然，笑話比「非故事」更有趣。然而，人們必然會抗議這種對比在這裡被操縱了。

食人的前提並非要讓這個笑話比其他情境更有趣，而是同類相食使這成為一個笑話。通常很難去定義是什麼元素讓笑話更好笑，因為很難在不完全破壞其喜劇潛力的情況下，刪掉幽默的象徵中的任何元素。因此，較溫和的不道德主義者是否能夠從其預設立場去作出比較，至少是有爭議的。

除此之外，我的笑話是否必須被詮釋為不道德，也應該討論。如果該笑話會強制我們認可同類相食，那即是不道德，但這個笑話並沒有任何類似作用。該笑話只是要求我們去想像一個星球，在這個星球上有在賣學術「珍饈」，並去欣賞這種以虛構且機智的玩笑話來取笑哲學家，就像我剛才所做的那樣。我的笑話印記不會造成傷害，這裡的學術人肉屠宰場只是在類比教職員工休息室裡，無傷大雅的競爭關係，並不鼓動人類滅絕計劃。也就是說，它不會鼓勵任何人接受具傷害性的事物，而鼓勵具傷害性的事物，意即在有傷害性的意圖之下，則一切都可以被稱為不道德的幽默印記。

如果該笑話確實為邪惡，它會讓我們相信同類相食可被道德接受；又如果該笑話要作為溫和不道德主義的一個確切例子，其印記必須更好笑，才能要求我們接受同類相食在道德上可被容許，而不是僅僅要求我們去想像一個落實同類相食的星球。但是，沒有證據指出有任何人，或至少很多人因為相信或相信自己被要求去認可同類相食為道德所接受，就會覺得或真的認為該笑話更好笑，而不是認為該笑話就跟當初認定的同樣好笑，而該認定是被學術肉舖星球的想法所娛樂後的結果，欣賞的是此虛構故事所提供的學院間的機智競爭。

事實上，我懷疑是否有人會因為該笑話要求（若真要求）不道德的信念去接受同類相食，就真的覺得這個笑話很有趣，或更有趣，而不是因為其他的心理狀態，例如單純假設一個人類居住的食人星球，而那裡的肉舖賣的是猶太潔食。唯一能夠認定同類相食可被接受的人，可能只有食人族，而如果有食人族的話，他們應該會很我一樣，也會對這些價格感到反感。

此外，值得認真考慮的是，從該討論以某種方式得出概論。很難找到例子——事實上，我一個都想不出來——因為我們接受了一個笑話中假設的制約，要我們去相信不合倫理的事情可為道德所接受，而讓該笑話變得更好笑。在我所知道的每一個案例中，所有從幽默印記引起的的喜劇娛樂，都可以透過想像其預設的虛構情節，並單純地欣賞它所帶來的不一致複雜性。

喜劇不道德主義，甚至是溫和的不道德主義，聲稱邪惡可以使幽默的例子更好笑。如果幽默的例子本身邪惡，那是因為該例子吸引觀眾去相信，其傳播的不道德行為可被接受。但是溫和的喜劇不道德主義並沒有說服我們，如果僅僅想像相關的不道德行為是虛構故事中的常態，比如同類相食，那所討論的幽默就不會那麼有趣。想像的食人行為在虛構故事中才得以成立，因為以假設或未斷言的方式去娛樂這樣的想法，並沒有什麼不道德的。因此，溫和的喜劇不道德主義無法證明，明顯的不道德作為幽默實例的印記，有時會比其他情況下更有趣。

事實上，有更多的立基點足以假設，對於一般觀眾來說，至少有時幽默的不道德言論，會影響到他們對機智笑點的享受程度，因為某些幽默所涉及的議題，可能為我們的道德想像力所抵制。這種對某些幽默印記的不道德所表達的**想像的抵制力**，可能會為另一種立場提供依據，我們將其稱為溫和的喜劇道德主義，接下來我們會以此做最後的途徑，綜觀調查幽默的道德問題。

溫和的喜劇道德主義（Moderate Comic Moralism）

我認為，大多數人都會同意至少有些幽默為不道德。如果一個種族歧視的笑話是當著弱勢群體成員的面，並在消遣他們的情況下進行誹謗，這可能具有傷害性，也是道德上的錯誤行為。但是，即使這個笑話是背地裡說的，它仍然可能會造成傷害，因為該笑話將強化具傷害性的系統性刻板印象，或至少鼓動對上述刻板印象的存在和散佈謠言漠不關心。但是，是否這麼明顯的不道德性就意味著這些笑話不好笑了呢？

傑出的幽默哲學家泰德．科恩（Ted Cohen）否認了這種可能性。他寫道：「你就許願世上沒有卑鄙的笑話。也可以嘗試去改造世界，這樣的笑話就沒有立足之地，也就不會出現。但不要否認它們很有趣，這種否認是一種無濟於事的假裝。」然而，在我看來，在某些情況下，講某些不道德的笑話印記或提出其他形式的不道德幽默印記，會減少、甚至完全消除所討論之幽默的喜劇娛樂。也就是說，溫和的喜劇道德家堅信，有時一個笑話或幽默印記的不道德，會使講述它變得無趣，或者至少更無趣。

科恩舉了個自認能證明其觀點的案例，見以下的謎語：「一個路人如何阻止一群黑人犯下輪姦？向他們扔了一顆籃球。」科恩認為這無疑很好笑。

為了評斷這一說法，請考慮一下相關的笑話印記，不是像喜劇演員克里斯·洛克（Chris Rock）那樣傳達，他可能會本著自我批評的精神，將該笑話表演給特定種族群體，而是由知名的獨斷論者來說該笑話，而且是在一個滿是新納粹分子的禮堂。在這個情境下，這個笑話是好笑還是不好笑？

當然，要回答這個問題，我們必須定義，在此脈絡下，不好笑（和好笑）是什麼意思。似乎這可能意味著以下三種情況之一：（一）你理解這個笑話——你辨認到其不一致性或其提出之不一致性；（二）你喜歡這個笑話；或者（三）你喜歡這個笑話，因為你理解這個笑話。我認為（三）通常是發現笑話好笑的原因。因此，一個笑話印記會被認為好笑，箇中緣由是聽者因理解而享受該笑話。在這裡，認定笑話印記或覺得其他類型的幽默印記好笑之關鍵在於享受或愉悅。然而，很明顯地，人們可能僅僅因為理解了笑話的本質——例如，有意的種族歧視——因而無法享受幽默。

笑話印記需要觀眾才能完整。為了完成諸如笑話之類的事情，聽眾必須保持正確的心理狀態，這種狀態可能是一種信念，也可能是一種想像。通常對於表面上不道德的笑話——比如涉及哲學家大腦的笑話——我們認為某些不道德的行為，唯有在虛構的世界中可以被接受。

然而，在某些情況下——例如，在路過三K黨集會時——我們可能會聽到一個有種族歧視的笑話，它呼籲或要求我們相信某些惡意的種族主義侮辱為真。在這種情況下，有道德良知的聽眾可能會退縮，拒絕相信該刻板印象，甚至拒絕去想像該刻板印象；該聽眾不會喜歡這個笑話，或從中得到樂趣，他也不會被吸引——不會得到喜劇娛樂，想像的抵制力使他覺得這個笑話不好笑，其他具有相等道德發展水平的人，也是如此。我想舉一個實際案例子，在D．W．格里菲斯（D.W. Griffith）的電影《一個國家的誕生》（*The Birth of a Nation*）中非裔美國人議員的形象，雖然是一部喜劇片，但（我希望）未能讓大多數當代觀眾感到娛樂，至少它沒能讓我笑出聲來。

同樣地，即使所討論的幽默印記不強制聽眾，去相信某些道德上有害的事務，它仍然可能限制有道德良知的觀眾的想像。幽默印記可能會要求我們去想像，一想到就因道德反感而顫抖的事情，其中道德反感反而抵消或阻礙了從幽默印記獲得快樂的可能性。

這些考量會更具合理性，只要你去試想有時想要耍幽默——涉及，例如吃大便——這就會令人生理反感到大多數人更可能以作嘔來反應，而不是大笑。道德反感可以以同樣的方式起作用，它可能會阻止想像力，從而阻止了喜劇娛樂。

此外，根據本書第一章理出的喜劇娛樂理論，我們可以解釋至少有些不道德的幽默不被欣賞的理由。就我們的說法，人們從可感知的不一致性中獲得喜劇娛樂，但該不一致性不會令人產生焦慮或威脅性。但很明顯，一些不道德的不一致性可能會產生焦慮和威脅，即使不是對聽眾個人，也會對更大的道德秩序產生威脅，從而，至少間接地，對整個社會產生威脅。

在某些情況下，所討論的幽默所挾帶的邪惡，可能會讓聽眾感到不安，以至於阻礙了聽眾去享受相關的不一致性。如果幽默印記本身明顯的邪惡就是焦慮的來源，那麼可以以此合理推論，在此所討論的不道德行為可能會導致喜劇娛樂的疏離。也就是說，有時，對於道德敏感度適中的聽眾來說，過度的道德暴行會讓他們心靈的麻痺難以維持，因此不會被逗樂。

因此，與科恩的論述相反，一些不道德的笑話之所以不具有喜劇娛樂，是因為一般道德性敏感的聽眾會將其理解為有邪惡的動機。

當然，在許多情況下，觀眾不會將幽默印記所引發的不道德行為，視為真正的威脅。因此，許多幽默印記——比如關於哲學家大腦的故事——不會招致想像的抵制力並且可以被享受，因為這些印記沒有被認真對待。畢竟，沒有人會真的去提倡在我們的飲食文化中加入學者教授。

類似地，一些幽默及其脈絡非常複雜，以至於它們所引用的邪惡意圖，會騙過觀眾的雷達。例如，一個厭惡女性的嘲諷笑話，可能會挾帶比聽眾所理解更多的仇恨。因此，再一次，在沒有任何邪惡感知的情況下，該笑話可能會被富有想像力的聽眾接受和享受。

先前我討論了黑色幽默現象，我堅信，像死嬰笑話的幽默，其目標不是死嬰，而是某些清教徒般的嚴肅說教者。儘管這些笑話再荒謬，這些人都無法在想像中接受死嬰笑話的前提，而這證實了以下觀點：感知到的不道德行為，會激起想像中的抵制力。但這是否也代表黑色幽默不會取悅有道德良知的人？

我不這麼認為。正如我在第一章中所述，這種幽默的目標不是一般有道德良知的聽眾，而是說教者——過於挑剔的人，通常針對不應被道德譴責的對象，他不是敏感，而是過度敏感。黑色幽默旨在揭示其性格中的這一缺陷，並藉此糾正極端道德主義的虛榮和壓迫。因此，黑色幽默還具有道德使命，黑色幽默實際上是一種刻意的道德敗壞。

論述溫和的喜劇道德主義時，我關注的是幽默印記如何阻礙、甚至消除喜劇娛樂，發現隨著幽默印記的不道德行為之推進，一般道德成熟度的觀眾會因其道德良知，產生想像的抵制力，壓抑了喜劇娛樂的產生。也就是說，幽默印記可能會阻止對笑話的吸收。

有些人可能會主張說，到底幽默類型（例如笑話類型和喜劇刻板印象）是否會因道德缺陷而失去其娛樂潛力，這個問題仍懸而未解。然而，我懷疑關於幽默類型的問題是否還有意義，因為幽默之所以有趣是因為其印記——例如，特定的笑話覆述——以及道德或不道德的內容。相比之下，幽默類型的道德推斷並不固定，這在我們與無道德主義者的辯論中證明了，在這些印記實施的過程（tokening）中，道德推斷可能被翻轉。由於此處重要的是幽默印記實施的過程，結論似乎不可避免指出，至少某些幽默印記可能會因其不道德而阻礙喜劇娛樂，在這種情況下，除了科恩等懷疑論者，不道德性會損害幽默印記的好笑程度。

結語

在本章中，我回顧了幽默與價值（包括貶值）之間的關係。我認為，幽默所產生的正面價值，很大程度上歸功於其社會功能，即演示和優化常規，也就是構成我們所屬的各種文化和次文化之常規。幽默透過偏離上述常規形成的不一致性來運作，從而培養我們對這些常規的需求，並且加強化這些常規。

當然，幽默並不總是站在天使一邊，但也不像波德萊爾所說的總是那樣邪惡，但它經常充當魔鬼的工作坊，例如，許多性別歧視、種族歧視、特定族群歧視和恐同的笑話語言都是要造成傷害。因此，幽默形式與不道德性之間存在聯繫，事實上，這些幽默印記與不道德的貶低之間，可能存在不止一種關係。

在本章中，我們否定了無道德主義者關於幽默超越善惡的說法，而是主張幽默可以是邪惡的，有時也是邪惡的。這讓我們不禁要問，幽默的邪惡之處是使它不那麼有趣還是更有趣。我們拒絕了不道德主義者的斷言，即它可以使笑話更有趣，也拒絕了倫理學家的反斷言，即道德缺陷總是使幽默印記變得不那麼有趣，甚至為邪惡。最後，我們選擇了溫和的喜劇道德主義，認為有時幽默的嘗試可能不那麼好笑，甚至完全沒有趣味，如果它要求觀眾去認可具傷害性的道德信仰、情緒和態度。

然而，雖然溫和的喜劇道德主義同意，有時幽默可能無法確保觀眾接受喜劇娛樂，因為我們拒絕喜劇演員向我們傳遞的喜劇感染力，但他們並不同意，如果我們享受一種表面上不道德的幽默例子，就顯示我們的性格在道德上有瑕疵。因為我們可能會嘲笑喜劇演員在笑話中操作各種不一致性的方式，包括道德上的不一致，並且只是想像地娛樂它們，而不是認可或接受它們。

這可能會產生令人驚訝的結果，例如，人們可能會在有良知的情況下，享受各種族裔的笑話——例如義大利笑話、愛爾蘭笑話、蘇格蘭、德國、荷蘭和WASP（盎格魯—撒克遜白人新教徒）笑話等——至少在當代美國是這樣。然而，在這部分保守行事仍然有其必要，因為儘管人們如今可以相對確定自己對WASPS、愛爾蘭人、義大利人和許多其他非瀕危種族沒有惡意，但對於其他弱勢群體，包括女性、同性戀非裔美國人、西班牙裔和亞洲人，我們的感受和實際意圖可能不太確定了。

種族歧視、性別歧視、恐同症等問題根深蒂固，而且往往不被承認。我們可能沒有意識到，自己也有對各種受迫群體的敵意。此外，對我們各種幽默的嘗試，我們通常也不知道觀眾的實際感受和態度。因此，在這方面最明智的指導方針，可能就是避開消遣上述群體的幽默，因為我們無法確定是否真的是在煽動仇恨，又或者是在自己和／或其他人／或聽眾的心中，激起對受迫或弱勢群體的麻木不仁。

因此，讓我用一句警言來結束這本關於幽默的簡短介紹：有時沉默為上策。

致謝

我對以下親朋好友深表感謝，感謝他們在我書寫本書期間給予諸多指教與建議，包括喬・艾可瑟拉（Joan Acocella）、艾倫・斯摩特茲（Aaron Smuts）、艾力克斯・歐任史坦（Alex Orenstein）、傑西・普瑞恩茲（Jesse Prinz）、羅伯特・希・羅伯茲（Robert C. Roberts）、約翰・戴艾（John Deigh）、瑪莎・紐斯鮑姆（Martha Nussbaum）、保羅・伍卓夫（Paul Woodruff）、南希・薛曼（Nancy Sherman）、查爾斯・紐斯鮑姆（Charles Nussbaum）、珍妮佛・羅賓森（Jenefer Robinson）、喬治・居禮（Gregory Currie）、班斯・那奈（Bence Nanay）、約翰・古維奇（John Kulvicki）、安娜・雷貝里歐（Anna Riberio）、艾咪・柯普蘭（Amy Coplan）、辛西亞・弗瑞蘭德

（Cynthia Freeland）、彼得‧基維（Peter Kivy）、傑若德‧烈文森（Jerrold Levinson）、凱西‧希金斯（Kathy Higgins）、馬克‧羅林斯（Mark Rollins）、史蒂芬‧尼爾（Stephen Neale）、艾爾文‧古德曼（Alvin Goldman）、荷莉‧古德曼（Holly Goldman）、芭芭拉‧曼特羅（Barbara Montero）、丹‧雅各森（Dan Jacobson）、傑德‧亞當斯（Zed Adams）、羅伯特‧史塔克（Robert Stecker）、馬修‧柯爾蘭（Matthew Kieran）、史提芬‧包曼（Stefan Bauman）、保羅‧泰勒（Paul Taylor）、瑪格麗特‧摩爾（Margaret Moore）、安妮特‧巴恩斯（Annette Barnes）、帕洛瑪‧艾緹西亞—里那蕊斯（Paloma Atencia-Linares）、拜瑞‧史密斯（Barry Smith）以及以下在場觀眾，包括德州大學奧斯丁分校（University of Texas at Austin）、德州理工大學（Texas Tech）、辛辛那提大學羅格斯分校（the University of Cincinnati, Rutgers）、馬瑞斯學院（Marist College）、紐約州立大學奧尼揚塔分校（SUNY Oneonta）、新學院（The New School）、俄亥俄大學（Ohio University）、里茲大學（University of Leeds）、倫敦美學論壇（the London Aesthetics Forum）和紐約市立大學研究所

（Graduate Center of the City University of New York）。這些人誠摯地試圖修正我的錯誤以及自我毀滅的傾向，儘管如此努力，他們還是失敗了。

參考資料與延伸閱讀

前言

- N. Carroll, 'Two Comic Plots', *Art in Three Dimensions* (Oxford: Oxford University Press, 2010).

第一章：幽默的本質

幽默概論

- M. Apte, *Humour and Laughter: An Anthropological Approach* (Ithaca, NY: Cornell University Press, 1985).
- A.J. Chapman and H.C. Foot (editors), *Humour and Laughter* (London: John Wiley and Sons, 1976).
- P.E. McGhee and J.H. Goldstein (editors), *Handbook of Humor Research* (New York: Springer-Verlag, 1983).
- P.E. McGhee and A.J. Chapman (editors), *Children's Humor* (London: John Wiley and Sons, 1980).

- R.A. Martin, *The Psychology of Laughter: An Integrative Approach* (London: Elsevier Academic Press, 2007).
- *The Monist*, Humour issue, vol. 88, no. 1 (January, 2005).
- J. Moreall, *Taking Laughter Seriously* (Albany: State University Press of New York, 1983).
- J. Moreall (editor), *The Philosophy of Laughter and Humor* (Albany, NY: State University Press of New York, 1987).
- J. Moreall, *Comic Relief: A Comprehensive Philosophy of Humor* (Oxford: Wiley-Blackwell, 2009).
- D.H. Munro *The Argument of Laughter* (North Bend, IN: University of Notre Dame Press, 1963).
- M. Mulkay, *On Humor: Its Nature and Place in Modern Society* (Oxford: Blackwell, 1988).
- R.R. Provine, *Laughter: A Scientific Investigation* (New York: Penguin, 2000).

優越論

- Aristotle, *Basic Works of Aristotle*, edited by Richard McKeon (New York: Random House, 1941).
- C. Baudelaire, 'On the Essence of Laughter', in his *The Painter of Modern Life and Other Essays*, translated by Jonathan Lane (London: Phaidon Press, 1995).
- F.H. Buckley, *The Morality of Laughter* (Anne Arbor, MI: University of Michigan Press, 2003).
- T. Hobbes, 'Thomas Hobbes (1588–1679)', in J. Moreall (editor), *The Philosophy of Laughter and Humor*.
- C.R. Gruner, *The Game of Humour: A Comprehensive Theory of Why We Laugh* (New Brunswick, NJ: Transaction Publishers, 1997).
- Plato, *The Collected Dialogues of Plato*, edited by Edith Hamilton and Hamilton Cairns (Princeton, NJ: Princeton University Press, 1978).

不一致論

- A. Breton, *Anthology of Black Humor*, translated by M. Polizzotti (San Francisco, CA: City Lights Books, 1997).
- J. Beattie, 'Essay on Laughter and Ludicrous Composition', in his *Essays on Poetry and Music* (Edinburgh, 1778).
- M. Clarke, 'Humor and Incongruity', in J. Moreall (editor), *The Philosophy of Laughter and Humor*.
- F. Hutcheson, *Reflections Upon Laughter and Remarks Upon the Fable of the Bees* (Glasgow, 1750).
- A. Koestler, *The Act of Creation* (London: Hutchinson, 1964).
- D.H. Monro, *The Argument of Laughter* (South Bend, IN: University of Notre Dame Press, 1963).
- M. Martin, 'Humor and the Aesthetic Enjoyment of Incongruities', in J. Moreall (editor), *The Philosophy of Laughter and Humor*.

- J. Moreall, *Taking Laughter Seriously* (Albany, NY: State University of New York Press, 1983).
- V. Raskin, *Semantic Mechanisms of Humor* (Dordrecht, The Netherlands: Reidel, 1984).
- R. Scruton, 'Laughter', in J. Moreall (editor), *The Philosophy of Laughter and Humor*.
- S. Stewart, 'Not Quite Flying Nuns and Other Salvaged Skits', in the Arts and Leisure section, *New York Times*, 10 December 2008, p. 8.
- M.C. Swabey, *Comic Laughter: A Philosophical Essay* (New Haven, CT: Yale University Press, 1961).

釋放論

- S. Freud, 'Humor', in J. Moreall (editor), *The Philosophy of Laughter and Humor*.
- H. Spencer, 'On the Physiology of Laughter', in *Essays on Education, etc.* (London: Dent, 1911).

- R.L. Latta, *The Basic Humor Process* (Berlin: Mouton de Gruyter, 1999).

遊戲論

- T. Aquinas, *Summa Theologica*, translated by Thomas Gilby (New York: McGraw Hill, 1973).
- M. Eastman, *The Enjoyment of Laughter* (New York: Simon and Schuster, 1936).
- J. Moreall, *Comic Relief: A Comprehensive Philosophy of Humor* (Oxford: Wiley-Blackwell, 2009).

意向論

- J. Levinson, 'Humour', *The Routledge Encyclopedia of Philosophy*, edited by E. Craig (London: Routledge, 1998).
- J. Moreall, *Comic Relief: A Comprehensive Philosophy of Humor* (Oxford: Wiley-Blackwell, 2009).

第二章：幽默、情緒與認知

喜劇娛樂作為情緒

- J. Morreall, 'Humor and Emotion', in J. Moreall (editor), *The Philosophy of Laughter and Humor*.
- R. Scruton, 'Laughter', in J. Moreall (editor), *The Philosophy of Laughter and Humor*.
- R.A. Sharpe, 'Seven Reasons Why Amusement Is an Emotion', in J. Moreall (editor), *The Philosophy of Laughter and Humor*.

新詹姆士主義

- J. Prinz, *Gut Reactions* (Oxford: Oxford University Press, 2004).
- J. Robinson, *Deeper Than Reason: The Emotions and their Role in Literature, Music and Art* (Oxford: Oxford University Press, 2005).

喜劇娛樂與人類切身利益

- M.M. Hurley, D.C. Dennett, and R.B. Adams, *Inside Jokes: Using Humor to Reverse-Engineer the Mind* (Cambridge, MA: The MIT Press, 2011).
- J. Miller, 'Jokes and Joking: A Serious Laughing Matter', in *Laughing Matters*, edited by J. Miller et al (Essex, UK: Longman Group, 1981).
- M. Minsky, 'Jokes and their Relation to the Cognitive Unconscious', in *Cognitive Constraints on Communication*, edited by J. Hintikka et al (Dordrecht, The Netherlands: Reidel, 1981).
- M. Minsky, *Society of the Mind* (New York: Simon and Schuster, 1988).

第三章：幽默與價值觀

幽默與社會常規再製

- H. Bergson, *Laughter: An Essay on the Meaning of the Comic* (Oxford: Macmillan, 1911).
- T. Cohen, *Jokes* (Chicago: University of Chicago Press, 1999).

缺德的笑聲：邪惡的特性

- F.H. Buckley, *The Morality of Laughter* (Ann Arbor, MI: University of Michigan Press, 2003).
- R. DeSousa, *The Rationality of Emotion* (Cambridge, MA: The MIT Press, 1987).

喜劇倫理主義

- B. Gaut, 'Just Joking', in *Philosophy and Literature* 22 (1998), pp. 51–68.
- B. Gaut, *Art, Emotion, and Ethics* (Oxford: Oxford University Press, 2006).

喜劇不道德主義

- A. Eaton, 'Rape and Ethics in Almodovar's *Talk to Her*', in *Talk to Her*, edited by Anne Eaton (London: Routledge, 2008).
- D. Jacobson, 'In Praise of Immoral Art', in *Philosophical Topics* 25 (1997), pp. 155–99.

溫和的喜劇道德主義

- A. Smuts, 'The Joke is the Thing: *In the Company of Men* and the Ethics of Humour', in *Film and Philosophy* 11 (2007), pp. 49–66.
- A. Smuts, 'Do Moral Flaws Enhance Amusement?' in *The American Philosophical Quarterly* 46, 2 (2009), pp. 151–63.
- A. Smuts, 'The Ethics of Humour: Can Your Sense of Humour be Wrong?' (forthcoming).

國家圖書館出版品預行編目(CIP)資料

幽默：滑稽娛樂的本質與價值 / 諾爾 . 卡羅 (Noël Carroll) 著 ; 于念平譯 . -- 初版 . -- 臺北市 : 日出出版 : 大雁文化事業股份有限公司發行 , 2023.10
面； 公分
譯自 : Humour : a very short introduction.
ISBN 978-626-7261-91-0(平裝)
1.CST: 幽默論
185.8　　112014102

幽默：滑稽娛樂的本質與價值

Humour : A Very Short Introduction

© Oxford University Press 2014
through Andrew Nurnberg Associates International Limited
Traditional Chinese edition copyright:
2023 Sunrise Press, a division of AND Publishing Ltd.
Humour : A Very Short Introduction was originally published in English in 2014. This Translation is published by arrangement with Oxford University Press. Sunrise Press, a division of AND Publishing Ltd. is solely responsible for this translation from the original work and Oxford University Press shall have no liability for any errors, omissions or inaccuracies or ambiguities in such translation or for any losses caused by reliance thereon.

作　　者　諾爾・卡羅 Noël Carroll
譯　　者　于念平
責任編輯　李明瑾
協力編輯　楊堯茹
封面設計　萬勝安
內頁排版　陳佩君
發 行 人　蘇拾平
總 編 輯　蘇拾平
副總編輯　王辰元
資深主編　夏于翔
主　　編　李明瑾
行　　銷　廖倚萱
業　　務　王綬晨、邱紹溢、劉文雅
出　　版　日出出版
發　　行　大雁出版基地
　　　　　地址：新北市新店區北新路三段 207-3 號 5 樓
　　　　　電話：(02) 8913-1005　傳真：(02) 8913-1056
　　　　　劃撥帳號：19983379 戶名：大雁文化事業股份有限公司
初版一刷　2023 年 10 月
定　　價　380 元
版權所有・翻印必究
ISBN 978-626-7261-91-0

Printed in Taiwan・All Rights Reserved
本書如遇缺頁、購買時即破損等瑕疵，請寄回本社更換